KARL RUDOLF

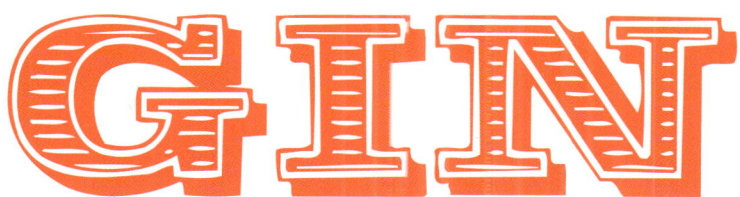

**ALLES ÜBER
GESCHICHTE,
HERSTELLUNG,
SORTEN
UND MARKEN**

atVERLAG

3. Auflage, 2019

© 2017
AT Verlag, Aarau und München
Lektorat: Petra Holzmann, München
Umschlagillustration: www.dreamstime.com
Grafische Gestaltung und Satz: AT Verlag
Druck und Bindearbeiten: Gorenjski tisk, Kranj, Slowenien
Printed in Slovenia
ISBN 978-3-03800-949-8

www.at-verlag.ch

Der AT Verlag, AZ Fachverlage AG, wird vom Bundesamt für Kultur
mit einem Strukturbeitrag für die Jahre 2016–2020 unterstützt.

Inhalt

Vorwort

»Gin ist die interessanteste Spirituose überhaupt.« Das ist zweifellos eine kühne Behauptung von einem, der sich seit mehr als drei Jahrzehnten beruflich mit allen Spirituosen befasst, die irgendwo auf dieser Welt destilliert werden; der bei zahlreichen Besuchen in Brennereien diesseits und jenseits des Atlantiks die Whisk(e)ys kennen- und schätzen gelernt und darüber dennoch niemals sein Faible für die Obstbrände in ihrer ganzen Vielfalt verleugnet hat. Es mag vermessen erscheinen, den Gin über den Rum zu stellen, der in beeindruckender Markenvielfalt angeboten wird, oder über den Wodka, der sich, anfangs nur der Nationalschnaps der Polen und Russen, derart weltweit verbreitet hat, dass er inzwischen global ein Bestseller unter den hochprozentigen Getränken ist.

Was hebt ausgerechnet den Gin aus der Masse der Spirituosen heraus? Dass fast jedes Kreuzworträtsel einen »Wacholderschnaps« mit drei Buchstaben sucht, ist kein Argument dafür. Dass die schon früh getroffene Feststellung »No two Gins are the same« heute zutreffender ist als noch vor einigen Jahren, ist hingegen ein triftiger Grund, sich näher mit dieser Spirituose zu befassen, die inzwischen – wie ehedem der Whisky – viele Brenner zu einem »Seitensprung« verleitet hat: Heute vergeht kaum eine Woche, in der nicht mindestens eine neue Gin-Marke vorgestellt wird! Gin ist »in« und jede Marke ein durch und durch individuelles Produkt. Das ist jede andere Spirituose natürlich auch, aber nicht in dem Maße wie ein Gin: Whisk(e)ys basieren auf Getreide, wenngleich auf verschiedenen Sorten; Rum wird größtenteils aus Melasse, seltener direkt aus vergorenem Zuckerrohrsaft gewonnen; ein Kirschwasser hat nur Kirschen als Ausgangsstoff, und so weiter. Da weitere duft- und geschmacksgebende Zutaten in der Regel nicht zugelassen sind (mit Ausnahme etwa der *Flavoured Vodkas* und aller Liköre, die als Untergruppe ebenfalls zu den Spirituosen zählen), hat jede Spirituosengattung ein Grundaroma, das zwar im Detail riech- und schmeckbare Unterschiede aufweist, aber eben doch ein Grundaroma bleibt.

....

Ohne Destillation gibt es keinen Gin. Wie oft, nach welchem Verfahren und aus welchen Zutaten gebrannt wird, spielt letztlich keine Rolle.

9

Ein solches habe der Gin auch, werden Kritiker jetzt ein-
wenden, denn schließlich sei dieser doch vom Wacholder
geprägt. Das soll er nach den einschlägigen Vorschriften zwar
sein, aber diese Regelungen werden schon seit einigen Jahren
zum Teil sehr großzügig ausgelegt. Ein Beispiel dafür ist
der *New Western Dry Gin*. Aber auch in »klassischen« Sorten
spielte und spielt der Wacholder kein Aromen-Solo. Es sind die
als → Botanicals bezeichneten sonstigen Rohstoffe, die dafür
sorgen, dass kein Gin wie ein anderer riecht und schmeckt.
Und die Zahl dieser weiteren Zutaten ist gerade in den letzten
Jahren enorm gestiegen. Bei den Recherchen für dieses Buch
habe ich die Hersteller nach den prägenden Botanicals
ihrer Gin-Marken gefragt: Für 134 Gins wurden mir 182 pflanzliche Zutaten genannt, die zum Geruch und Geschmack der
jeweiligen Abfüllungen wesentlich beitragen oder beides sogar
dominieren. Wenn man jetzt noch bedenkt, dass die Gin-
Brenner bei der Wahl des Rohstoffes zur Gewinnung des Alkohols freie Hand haben sowie reichlich Spielraum bei der
Herstellungsmethode, und dass sie alles, was die Natur an
Genießbarem zu bieten hat, nach ihren Vorstellungen kombinieren und dosieren können, bekommt man eine Vorstellung
von der Aromenvielfalt des Gins.

Das in diesem Jahrzehnt um ein Vielfaches gewachsene
Gin-Angebot aus aller Welt hat gleich zweifachen Reiz. Zum
einen haben die Liebhaber von Cocktails und Longdrinks jetzt
eine schier unbegrenzte Wahl, selbst wenn sie nur wenige
Mix- und Mischgetränke bevorzugen: Wird ein »Martini Dry«
mit der Gin-Marke X gemixt, schmeckt er unter Umständen
deutlich anders, als wenn der Vermouth mit der Marke Y
gemischt worden wäre. Ein »Gin & Tonic« auf der Basis von
Gin A hinterlässt in der Nase und am Gaumen eventuell einen
völlig anderen Eindruck als einer, dem Gin B Alkohol und
Aroma gibt. Einige Barkeeper sind inzwischen sogar so weit,
dass sie den Gästen die Wahl lassen, mit welchem Gin und mit
welchem Tonic sie ihren »Gin & Tonic« gerne trinken wollen.

Unter fast 900 Gins kann der Gast in der Bar »Stollen 1930« des neuen Boutique-Hotels Träumerei #8 wählen – ein »Gin-Dorado« in der Altstadt von Kufstein, Tirol.

Zum anderen ist es für jeden Genießer geradezu eine Herausforderung, eine derartige Spirituose auch pur zu probieren. Die Vielfalt der Gins zu erkunden, ist eine »Safari für die Sinne«: Welche Zutaten riecht man? Welche schmeckt man? Regelmäßiges Probieren von immer wieder anderen Marken schult den Geruchs- und den Geschmackssinn. Probieren Sie es aus, schulen Sie Ihre Sinne mit der interessantesten Spirituose, die es gibt: dem Gin.

Prosit (lat.: Es möge nützen)!

Karl Rudolf
Olching, August 2017

Hinweis: Die mit einem → Pfeil gekennzeichneten Begriffe werden im Glossar, ab Seite 295, näher erläutert.

Geschichte

ALKOHOL – EINE ENTDECKUNG UND EINE ERFINDUNG

Es war nicht der Mensch, der den → Alkohol erfunden hat. Den gab es bereits lange bevor der Homo sapiens auf der Bildfläche erschien. Es waren die Mikroben, die schon in der Urzeit den Stoff schufen, der nun seit Menschengedenken untrennbar mit unserer Kultur verbunden ist. Jene primitiven Lebewesen konnten mangels Sauerstoff ihre Nahrung nicht gänzlich verbrennen und bauten sie daher zum (fehlenden) Sauerstoff und einigen organischen Verbindungen ab. Und eine dieser Verbindungen war der Alkohol. Den bräuchte der Mensch bis heute noch nicht eigens zu produzieren, denn er könnte sich mit Hilfe von Mutter Natur auch selbst erzeugen.

Irgendwann und irgendwo in grauer Vorzeit stieß der Mensch wohl rein zufällig auf diesen Alkohol. Vielleicht sah er Trauben vergären, als Neugieriger schluckt er die Brühe, wird dabei fröhlich und lässt fortan Trauben absichtlich so lange stehen, bis sie im eigenen Saft Blasen werfen. Oder es lässt jemand Getreide so lange in Wasser eingeweicht, bis sich Schaum gebildet hat, probiert es, findet dieses »Müsli« anregend und bereitet es künftig absichtlich so zu. Wie auch immer die Entdeckung des Alkohols zustande kam, der Mensch stellte schon vergleichsweise früh fest, dass sich alles, was Zucker (Obst) oder Stärke (Getreide) enthält, zu einem alkoholischen

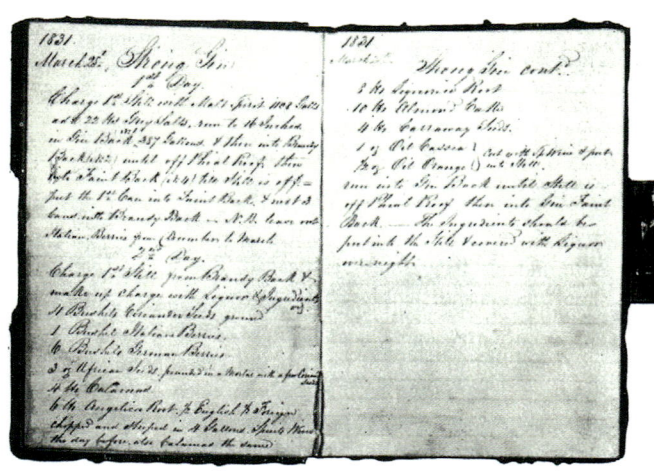

Zur » Buchführung« der Brenner gehörte in der Frühzeit des Gins auch das Notieren der Rezepte.

Getränk entwickeln kann. Dass diese Entwicklung ohne das Zutun von wilden Hefen nicht funktionieren würde, merkte er erst ziemlich spät, aber ab dann züchtet er spezielle Kulturhefen für jede Gattung von alkoholischen Getränken.

Aus Vergärung entstandene alkoholische Getränke gab es schon etwa 8000 Jahre v. Chr. Auf solchen (leicht-)alkoholischen Getränken basierende Spirituosen sind hingegen geradezu »jung«. Diese fußen nicht wie der Alkohol auf einer zufälligen Entdeckung, sondern auf einer Erfindung, denn sie können nur per → Destillation erzeugt werden. Dass sich der »berauschende Geist« im Bier und im Wein, im Obstwein oder im Met mit diesem Verfahren noch verstärken lässt, war im heutigen Europa bis in das 12. Jahrhundert unbekannt. Zwar wurden Gefäße zum Destillieren aus früher vorchristlicher Zeit bei Ausgrabungen in verschiedenen Ländern des Nahen Ostens und Asiens entdeckt, aber in diesen war nachweislich nicht etwa Alkohol konzentriert, sondern es waren ätherische Öle für Duftstoffe und Salben gewonnen worden. Auch der per Destillation erzeugte *al-kuhl* der Araber war nichts weiter als eine Essenz für kosmetische Produkte. Die Kunst des Destillierens kam höchstwahrscheinlich mit den Mauren, die Spanien eroberten, nach Europa. Es gilt heute als sicher, dass Anfang des 12. Jahrhunderts einige Gelehrte an der Hochschule von Salerno diese Kunst erstmals dazu nutzten, den »Geist eines Weines« zu separieren. Das ursprünglich *aqua ardens* (»brennendes Wasser«) genannte Destillat wurde schließlich als *aqua vitae* (»Wasser des Lebens«) bezeichnet, als sich herausstellte, dass der »gebrannte Wein« ein vorzügliches Lösungsmittel für wertvolle Inhaltsstoffe von Naturprodukten mit heilsamer oder lindernder Wirkung und damit eine ideale Basis von Arzneien war. Wo kein Wein verfügbar war, wurden eben andere (leicht-)alkoholische Getränke zu hochprozentigem *aqua vitae* destilliert. Aus welchem Rohstoff ihr Grundalkohol auch immer gewonnen wurde, die Spirituosen von heute sind also die zu Genussmitteln aufgestiegenen Nachfolger der Arzneien von gestern.

GIN – ALLER ANFANG WAR AUFSTAND

Zwar gilt der Gin als typisch britische Spirituose, doch seine Wurzeln hat er eigentlich in Holland oder, korrekt gesagt, in den Niederlanden. Dort lehrte im späten 16. Jahrhundert ein Naturwissenschaftler namens Sylvius de Bouve[1] an der Universität in Leiden. Dieser entwickelte das Rezept für eine Arznei mit Wacholder, deren Basis wahrscheinlich → *Moutwijn*, ein Getreidedestillat, war. Der zugesetzte Wacholder galt in jener Zeit als probates Heilmittel – und ein solches konnten die Niederländer damals sicherlich gut gebrauchen: In sieben von insgesamt siebzehn Provinzen des Landes, das zum Heiligen Römischen Reich gehörte und vom spanischen Zweig der Habsburger regiert wurde, hatte sich wegen der Inquisition gegen die »ketzerischen« Calvinisten immer mehr Hass gegen die spanische Herrschaft aufgebaut. Die zunehmenden Aufstände mündeten im Jahre 1568 schließlich in den sogenannten Achtzigjährigen Krieg, der anno 1648 mit dem Westfälischen Frieden endete und den nördlichen Niederlanden die erhoffte Unabhängigkeit brachte.

So hatte wohl auch der letztlich siegreiche Aufstand der protestantischen Niederlande gegen ihre spanisch-katholische Herrschaft seinen Anteil an der Erfindung des Genevers. Dass dieser schließlich nach England gelangte und dort zum Gin avancierte, war ebenfalls Folge eines Aufstandes. Auf der Britischen Insel und in Irland regierte seit 1685 James II., der als James VII. außerdem über Schottland herrschte. Zu jener Zeit war England bereits auf dem besten Weg, ein Weltreich zu werden: The British Empire. Doch im Inneren des Landes gärte es: Zahlreiche Angehörige der anglikanischen Kirche fürchteten, dass ihr Land nach dem Tod ihres katholisch gebliebenen Königs James II. von einer katholischen Dynastie regiert werde. Um das zu verhindern, setzten sich einflussreiche Adlige mit Willem III. van Oranje (deutsch: Wilhelm III. von Oranien-Nassau) in Verbindung, der schon gegen den – katholischen – König Ludwig XIV. von Frankreich gekämpft hatte. Das Pikante an diesem Verbündeten, der dann am 5. November 1688 mit seinen Truppen in England an Land ging: Willem III.

1 *In einigen Quellen wird auch Franciscus Sylvius de le Böe als Schöpfer jener Arznei genannt, die – nach dem niederländischen Wort für Wacholder – als Jenever oder auch Genever schon bald nicht nur medizinischen Zwecken diente, sondern der »Nationalschnaps« der Niederländer wurde. Jedoch hatte dieser Franciscus Sylvius de le Böe, der deutschstämmig war und eigentlich Franz de le Böe hieß, mit dem Genever rein gar nichts zu tun. Er lehrte zwar auch an der Universität von Leiden, allerdings als Anatom – und das rund hundert Jahre nach Sylvius de Bouves Erfindung.*

van Oranje war nicht nur ein Neffe, sondern auch der Schwiegersohn jenes King James, der nun seinetwegen die Heimat verlassen musste und nach Frankreich floh.

Der Genever oder zumindest das Wissen um dessen Herstellung war nur eine »Begleiterscheinung« von Willems erbetener Invasion. Als jedoch aus diesem Willem van Oranje König William III. und aus seiner trotz der Religion ihres Vaters protestantisch erzogenen Ehefrau die mit ihm regierende Queen Mary II. geworden war, kam dem »Tschineiver« – wie die Engländer das Wort wohl aussprachen – Bedeutung zu. Dass der Erzfeind Frankreich dem königlichen Vorgänger – ihrem Vater, seinem Onkel und Schwiegervater – Asyl gewährte, verdross das nun regierende Paar dermaßen, dass es Sanktionen beschloss: Ab sofort wurden Waren aus Frankreich mit so hohen Zöllen belegt, dass den Briten auch die Lust auf französische Schnäpse gründlich verging. So blieb ihnen neben Rum aus den Kolonien und dem aus Schottland angelieferten, aber wenig gefragten → »uisge beatha« (später Whisky genannt) nichts weiter an Hochprozentigem. Der sprachlich zu »Gin« verkürzte Genever wurde also genau zur richtigen Zeit von den Regenten nach Kräften gefördert.

König William III. verstarb 1702, seine Ehefrau Königin Mary II. war acht Jahre zuvor verschieden. Deren jüngere Schwester Anne wurde nach dem Tod ihres Schwagers zur Königin von England, von Schottland und Irland gekrönt. Unter ihrer Herrschaft vereinigten sich England und Schottland anno 1707 zum United Kingdom, und die Insel wurde fortan als Great Britain, Großbritannien, bezeichnet. Queen Anne hatte wie ihre Vorgänger eine Abneigung gegen die katholischen Franzosen und setzte die Anti-Frankreich-Kampagne fort. Im Zuge dieser Kampagne entschied Königin Anne auch, dass jeder ihrer Untertanen künftig lizenzfrei Gin brennen durfte. Diese Entscheidung hatte allerdings fatale Folgen, vor allem in der Hauptstadt London, wo durch den Wegfall des bisherigen Monopols der gewerblichen Brennereien nun der »private gin« überhandnahm: Verschiedenen Überlieferungen zufolge soll in manchen Stadtteilen Londons

»Mutters Ruin« wurde der Gin in seiner finsteren Frühzeit auch genannt – meistens zu Recht.

Oben: Alexander Gordon gründete 1769 eine Brennerei in London-Southwark und stellte Gin her.
Mitte: George Bishop fing 1740 in dem
für sein gutes Wasser berühmten Finsbury mit dem Brennen an.
Unten: Charles Tanqueray hatte bereits zwanzig Jahre Gin hergestellt, als
er sich um 1850 fotografieren ließ.

jedes siebte Haus einen Gin-Ausschank betrieben haben und die alkoholbedingte Sterberate zeitweise höher gewesen sein als die Geburtenrate.

Je mehr Laien destillierten, desto mehr verkam der anglisierte Wacholderbrand zum Fusel. So kam es letztlich zur sogenannten »Gin-Krise«. England, vornehmlich aber dessen Hauptstadt, soff sich an den Rand des Ruins. Ein Teufelskreis tat sich auf: Je mehr das gemeine Volk davon konsumierte, desto schlechter wurde der Gin. Doch die dilettantischen Brenner waren durchaus erfinderisch: Mit diversen Kräutern und Gewürzen wurde der ursprüngliche Wacholderschnaps so aufgepäppelt, dass der unreine und daher minderwertige Alkohol, auf dem er basierte, nicht mehr auffiel. Die treffende Feststellung »No two gins are the same« ist also das – positive – Resultat übler Tricks.

Ab 1729 hatte das Parlament mehrfach versucht, mit diversen Gesetzen den übermäßigen Konsum von Gin einzudämmen und die Qualität dieser Spirituose anzuheben. Aber weder mehrere »Gin Acts« noch erhöhte Lizenzgebühren für Herstellung und Verkauf wirkten sich in der ersten Hälfte des 18. Jahrhunderts merklich positiv aus. Wie dramatisch die Lage war, ist erschütternd deutlich auf dem Bild »Gin Lane« zu sehen, das William Hogarth (1697–1764) im Jahr 1751 malte. Noch im selben Jahr prangerte der Maler den grassierenden Alkoholismus in London auch mit dem Bild »Beer Street« an. Die Werke zeigten Wirkung – ein weiterer Gin Act brachte schließlich die Wende. Dieser neue Erlass setzte nicht nur höhere Steuern fest, er definierte vor allem detailliert die Gin-Herstellung und schrieb auch Kontrollen durch unabhängige Prüfer vor.

Es gab aber auch einige Lichtblicke in der finsteren Frühzeit des Gins. Ein Grundstein für Qualität war bereits 1697 mit der Gründung der Black Friars Distillery in Plymouth gelegt worden. In dieser wurde zwar erst ab dem Jahr 1793 der *Plymouth Gin* destilliert, doch dieser wurde nicht nur als Marke zu einem Begriff, sondern steht auch für einen eigenständigen Gin-Typ. Im Jahr 1740, noch während der Gin-Krise,

••••••••••••••

*Oben: So sah die 1830 von Charles Tanqueray gegründete Bloomsbury Distillery im Jahre 1899 aus.
Unten: »The House« von Tanqueray & Gordon, die 1898 fusioniert hatten, in Londons Goswell Road.*

begann die Familie Booth in London-Clerkenwell mit dem Brennen von Gin, und Joseph Bishop gründete eine Brennerei in Finsbury. Finsbury war damals noch ein Kurort vor den Toren Londons und berühmt für sein ausgezeichnetes Wasser. Sauberes und unbegrenzt verfügbares Wasser war zu allen Zeiten – und nicht nur in Großbritannien – das wichtigste Kriterium für die Wahl des Standortes einer Brennerei. Das später von London eingemeindete Finsbury war in dieser Hinsicht offenbar der perfekte Standort, denn hier ließen sich noch zwei weitere Brenner nieder, deren Namen untrennbar mit dem Gin verbunden sind: Der von Schotten abstammende Alexander Gordon verlegte seine 1769 in London-Southwark gegründete Destillerie 17 Jahre später nach Finsbury in die Goswell Street. In derselben Straße destillierte 1830 Charles Tanqueray in seiner Bloomsbury Distillery erstmals Gin.

In der zweiten Hälfte des 18. Jahrhunderts wurde England als erstes Land überhaupt vom Agrar- zum Industriestaat – und gilt daher zu Recht als Wegbereiter der »Industriellen Revolution«. Wenn es jedoch ums Destillieren ging, konnte zu jener Zeit von Industrie noch keine Rede sein, auch wenn die Anzahl der gewerblichen Brennereien zu Beginn des Maschinenzeitalters allmählich zunahm.

Ein gewisser Thomas Dakin zum Beispiel, damals gerade 24 Jahre alt, erwarb 1760 in Warrington, im Nordwesten Englands, ein Grundstück samt Gebäude, machte aus diesem

Oben: In diesem Buch schrieb James Borrough seine Gin-Rezepte nieder, unter anderem das für Beefeater.
Unten: In einer der von William Dakin angeschafften → Carter Head Stills werden noch heute alle Gins der Marke Bombay destilliert.

Gebäude eine Brennerei und brachte im darauffolgenden Jahr seinen *Warrington Gin* auf den Markt. Jenes Jahr 1761 wird in den Annalen des Gins auch als Gründungsjahr der Marke *Greenall's* genannt, die nicht zufällig ebenfalls in Warrington ansässig war und ist. Als Ursprungsjahr des *(Warrington) Gins* aus dieser Brennerei ist das Jahr 1761 korrekt – als Gründungsjahr der Marke *Greenall's* jedoch nicht. Die von Thomas Dakin im Jahr 1760 eingerichtete Brennerei wurde 1860 an Gilbert und John Greenall verpachtet und zehn Jahre später an sie verkauft.

Ein dritter Gin von Weltrang entstand ebenfalls in dieser Warrington Distillery von Thomas Dakin: Der Rum-Riese Bacardi Ltd als Markeneigner weist darauf hin, dass sein *Bombay Sapphire* auf einem Rezept von Thomas Dakin aus dem Jahre 1761 basiere, und erwähnt ausdrücklich, dass diese Marke bis heute in einer jener → Carter Head Stills destilliert werde, von denen Gründer-Enkel William Dakin einst gleich zwei erstanden hatte.

Dieser → Brennblasentyp war eine Erfindung der zwei Brüder Carter, und die hatten ihr Handwerk von einem gewissen Aeneas Coffey gelernt. Wer sich mit Whisky befasst, kennt diesen Namen. Denn der gebürtige Ire Coffey hatte im Jahre 1831 einen kontinuierlich arbeitenden Brennapparat in Säulenform zum Patent angemeldet, der als → »Coffey Still« die Erzeugung von Spirituosen revolutionierte. Fünf Jahre zuvor hatte sich der Schotte Robert Stein eine säulenförmige Brennblase patentieren lassen, die entweder → »Patent Still« oder ihrer Form wegen → »Column Still« genannt wurde. Sowohl in der Still von Stein als auch in der von Coffey ließ sich in nur einem Durchgang vergorene → Maische direkt zu → Feinbrand destillieren, während bis dahin stets zwei separate Durchgänge nötig gewesen waren, um zuerst Roh- und dann Feinbrand zu destillieren. Dieses → kontinuierliche Brennverfahren in der Patent, Column oder Coffey Still machte das Brennen wirtschaftlicher und ergab zudem »reineren« Alkohol mit einem leichteren Körper als ihn jener hatte, der in einer traditionellen → Pot Still erzeugt wurde. Nach dem heutigen Wissensstand schwebte Coffey bei seiner

·················
*In diesen → Brennblasen der Black
Friars Distillery wurde der berühmte
Plymouth-Gin gebrannt.*

Erfindung jedoch ebenso wenig ein neuer Whisky-Typ vor
(der in den neuen Patent Stills erzeugte → Grain Whisky) wie
seinem Vorgänger und Konkurrenten Stein: Diesen beiden
Tüftlern, beide Brennereibetreiber in Schottland, ging es vorrangig darum, rationell und schneller als bisher sauberen
Getreidealkohol erzeugen zu können. Und dieser wurde dann
auch in der ersten Zeit vorrangig nach England geliefert –
als Basis für Gin.

Die Möglichkeit, im → kontinuierlichen Destillationsverfahren vergleichsweise preiswert und schnell »sauberen«
Basisalkohol für Gin gewinnen zu können, war ein Meilenstein
in der Geschichte, ein wichtiger Schritt auf dem Weg zu einer
»Industrialisierung« der Spirituosenwirtschaft. So wurde das
19. Jahrhundert für die Brenner eine bewegte Zeit, durchaus
auch im positiven Sinne. Die dank der neuesten Techniken
verbesserter Herstellungsmöglichkeiten veranlassten immer
mehr Destillateure, in eigens errichteten Brennereien gewerb-
lich einen qualitativ guten Gin zu erzeugen. Damit ging ein

unrühmliches Kapitel in der Geschichte dieser Spirituose zu Ende. Sie bekam neuen Auftrieb durch die industrielle Revolution. Jene Entwicklung veranlasste Legionen von Arbeitern zum Umzug vom Land in die großen Städte, wo sie den (dort üblichen) Gin-Konsum weiter förderten.

Herstellung sowie Konsum dieser Spirituose auf Wacholderbasis blieben noch geraume Zeit auf Großbritannien – und hier hauptsächlich auf England – beschränkt, auch wenn die Briten in ihren Kolonien den Gin als Ergänzung zu jenem Tonic Water mit sich führten, das auf dem Chinin basierte, das sie vor der gefürchteten Malaria schützen sollte. Über Großbritanniens Grenzen hinaus bekam der Gin jedoch erst Bedeutung mit dem Aufkommen der Bars. In diesem ab Beginn des 20. Jahrhunderts auch in Europa wachsenden neuen Zweig der Gastronomie wurde zunächst der als »Dutch Gin« bezeichnete Genever zur gefragtesten Basisspirituose – unter den anfangs ohnehin relativ wenigen, die damals verfügbar waren. Aber bald ersetzten die Profi-Mixer den Genever durch den britischen Gin.

Die Prohibition in den USA, das von 1920 bis 1933 dauernde rigorose Alkoholverbot, schmälerte den Absatz von Gin ebenso wie dessen Ansehen: Denn Gin war in dieser Zeit entweder Schmuggelware oder aber ein sogenannter »Bathtub-Gin«, ein in Badewannen oder ähnlichen großen Behältnissen aus nicht selten obskuren Zutaten zusammengepanschter Fusel. Doch auch von diesem Rückschlag erholte sich der Gin bald wieder und stand weiterhin an der Spitze der Mixspirituosen. Diesen Platz musste er im Laufe des 20. und auch zu Beginn des 21. Jahrhunderts zwar zugunsten anderer »Trendspirituosen« wie Tequila, Rum oder Wodka zeitweise räumen, für Barkeeper blieb er aber stets unentbehrlich.

Das seit Beginn des zweiten Jahrzehnts im 21. Jahrhundert rapide gewachsene und ständig weiterhin wachsende Angebot an Gin-Marken aus aller Herren Länder hat dem Gin zu weiterer großer, ja größerer Bedeutung verholfen. Seine Vielfalt macht ihn nicht nur für Barkeeper zu einem Muss, sondern auch für alle Pur-Trinker, die nach immer neuen Genuss-Erlebnissen suchen.

Chronologie der Gin-Klassiker

Bei folgendem Überblick über die wichtigsten Ereignisse in der Geschichte der klassischen Gin-Marken bezeichnet die erste Jahreszahl das Gründungsjahr der Brennerei und die am Ende des jeweiligen Eintrags genannte Jahreszahl das in der Chronologie nächste Jahr der namentlichen Erwähnung des betreffenden Gins.

1697   Plymouth: Die Black Friars Distillery wird gegründet. → 1793

1740   Booth's: Die Familie Booth gründet neben ihrer Brauerei eine Brennerei in London. → 1833
Finsbury: Die Brennerei wird von Joseph Bishop gegründet. → 1840

1760   Bombay: Thomas Dakin errichtet in Warrington eine Destillerie. → 1831

1769   Gordon's: Alexander Gordon gründet eine Brennerei in London-Southwark. → 1786

1786   *Gordon's:* Die Destillerie wird nach London-Clerkenwell in die Goswell Road verlegt, weil das Wasser dort besser sein soll als am ursprünglichen Standort. → 1800

1793   *Plymouth:* Mr. Coates tritt in die Black Friars Distillery von Fox & Williamson ein; diese beginnt (vermutlich auf dessen Anregung) mit der Produktion von Gin. → 1844

1800   *Gordon's* wird bekannt, weil ihn Matrosen der britischen Marine wie auch der britischen Handelsflotte auf ihren Fahrten in alle Welt mitführen. → 1898

1830   Tanqueray wird von Charles Tanqueray (geb. 27.03.1810) erstmals in dessen Bloomsbury Distillery im Londoner Stadtteil Finsbury destilliert. → 1847

1831	***Bombay:*** Gründer-Enkel William Dakin installiert zwei dampfbetriebene Pot Stills, die nach ihren Herstellern als Carter Head Stills bezeichnet werden. → 1870
1833	***Booth's*** wird von König William IV. mit dem königlichen Wappen ausgezeichnet. → 1937
1840	***Finsbury*** verlegt die Produktion in die Moreland Street östlich der Londoner City. → 1993
1844	***Plymouth*** wird auf der Internationalen Gesundheitsmesse in London mit einer Goldmedaille ausgezeichnet, die von da an auf dem Etikett abgebildet ist. → 1850
1847	***Tanqueray*** wird in die britischen Kolonien geliefert; einer der wichtigsten Märkte für diese Marke ist die Insel Jamaika. → 1848
1848	***Tanqueray*** wird erstmals in die Shaker-förmige Flasche abgefüllt. → 1868
1850	***Plymouth*** wird ab jetzt auch in Flaschen abgefüllt. Bis zu diesem Jahr lieferte der Hersteller Coates & Co. jährlich mehr als 1000 Fässer Gin an die Royal Navy; der wurde dann mit Angostura und/oder Zitrone »für medizinische Zwecke« genutzt. → 1886
1860	***Greenall's:*** Gilbert & John Greenall pachten von der mit ihnen verwandten Familie Dakin (siehe unter 1760) deren Brennerei. → 1870
1862	***Beefeater:*** James Borrough erwirbt für £ 400 von John Taylor dessen Chelsea Distillery in Londons Cales Street und benennt sie um in James Borrough Distillery. → 1863
1863	***Beefeater:*** James Borrough beginnt mit dem Brennen und erzeugt neben den bereits vom vorherigen Besitzer produzierten Spirituosen auch verschiedene Gins. → 1876

1868   *Tanqueray:* Charles Tanqueray stirbt; sein 20 Jahre alter Sohn Charles Waugh Tanqueray führt die Brennerei weiter. → 1898

1870   *Bombay:* Mary Dakin verkauft die Brennerei an die Familie Greenall. → 1959
Greenall's: Familie Greenall übernimmt die Brennerei, die nun G&J Greenall heißt. → 1950er

1876   *Beefeater:* James Borrough bringt zusätzlich zu seinen diversen Gin-Marken (u. a. *Ye Old Chelsea, James Borrough London Dry* oder *Old Tom*) nach einigem Experimentieren mit verschiedenen Ingredienzen eine Gin-Neuheit unter dem Namen *Beefeater* heraus. → 1908

1886   *Plymouth:* In dem Buch »Stuarts Fancy Drinks« wird erstmals das Rezept für einen »Martini Dry« publiziert, der mit *Plymouth Gin* zubereitet werden sollte. → 1900

1898   *Gordon's:* Gordon fusioniert mit Tanqueray zu Tanqueray, Gordon & Co. → 1899
Tanqueray & Co. fusionieren mit Gordon & Co. → 1922

1899   *Gordon's:* Charles Gordon stirbt. Eine familiäre Verbindung des Unternehmens Tanqueray, Gordon & Co. besteht jetzt nur noch durch den Namen des Gründers. → 1922

1900   *Plymouth* ist der weltweit meistverkaufte Gin. → 1953

1908   *Beefeater:* Die rapide Ausweitung des Geschäfts macht die Errichtung einer neuen, größeren Brennerei im Londoner Bezirk Lambeth notwendig. → 1950

1922   *Gordon's/Tanqueray:* Tanqueray, Gordon & Co. werden von der mächtigen Distillers Company Limited (DCL) übernommen, aus der später Diageo hervorgehen wird. → 1941

1937	***Booth's*** wird von der Distillers Company Ltd (DCL) übernommen. → 1959
1941	***Gordon's/Tanqueray:*** Die Destillerien werden bei einem Luftangriff schwer beschädigt. → 1957
1950er	***Greenall's:*** Nach mehreren Unterbrechungen wegen der beiden Weltkriege nimmt die nach wie vor in Familienbesitz befindliche Greenall's Distillery ihren Betrieb wieder vollständig auf. → 2011
1950	***Beefeater:*** Neville Hayman, Ehemann der Gründer-Enkelin Marjorie geb. Borrough und Buchhalter der Destillerie, wird in den Vorstand berufen. → 1958
1953	***Plymouth*** ist nicht mehr in Familienbesitz. → 1970er
1957	***Gordon's:*** Der Hersteller nimmt eine neue Destillerie in Betrieb; diese wurde in der Goswell Road im Süden des Londoner Stadtteils Islington errichtet. → 1984 ***Tanqueray:*** Der Hersteller nimmt eine neue Destillerie in Betrieb. → 1964
1958	***Beefeater:*** Die Produktion wird nach Kennington verlegt. → 1969
1959	***Bombay:*** Allan Subbin tritt in die Bridge Street Distillery ein, kreiert auf Anregung seiner Frau einen »typisch britischen Gin für den US-Markt« und gründet eigens die »Bombay Spirits Company«. Seine Neuheit basiert auf dem 1761 von Thomas Dakin (siehe unter 1760) geschaffenen Rezept und wird ebenfalls in der Carter Head Still destilliert. In Würdigung der britischen Regentschaft in Indien unter Königin Victoria nennt Subbin diesen Gin *Bombay*. → 1985 ***Booth's*** errichtet eine neue Brennerei, Red Lion Distillery genannt.

24

1964   *Tanqueray:* John Tanqueray, Ururenkel des Gründers, führt das schon seit 1922 nicht mehr der Familie gehörende Unternehmen weiter. → 1984

1969   *Beefeater:* Christopher Hayman, ein Urenkel des Destilleriegründers James Borrogh, tritt in das Familienunternehmen ein. → 1977

1970er   *Plymouth* wird von den Markeneignern vernachlässigt. → 1996

1977   *Beefeater:* Christopher Hayman (→ 1988) wird Operation Director und ist damit für die Herstellung der Marke *Beefeater Gin* verantwortlich. → 1987

1984   *Gordon's & Tanqueray:* Wegen der hohen Nachfrage wird die Produktion dieser zwei Gins nach Laindonsite in Basildon, Essex, verlegt. → 1998

1985   *Bombay:* Michael Roux überarbeitet für die Bombay Spirits Company das Gin-Rezept und erweitert dieses schließlich um Kubeben- und Guineapfeffer, zwei Ingredienzen, die bis dahin noch in keinem Gin verwendet wurden. → 1986

1986   *Bombay Sapphire* kommt auf den Markt. → 1998

1987   *Beefeater:* James Borrough PLC wird an die Whitbread Brewers PLC verkauft. → 2005

1988   Hayman's: Christopher Hayman kauft die James-Borrough-Abteilung (FAD) von Whitbread zurück und benennt sie um in *Hayman's.* → 2004

1993   *Finsbury* wird von dem deutschen Familienunternehmen Borco-Marken-Import Matthiesen GmbH & Co. KG, Hamburg, übernommen.

1996   *Plymouth* wird von privaten Investoren »gerettet«. → 2004

1998   *Bombay* wird vom Eigentümer Diageo an Bacardi-Martini
verkauft.
Gordon's & Tanqueray: Die Produktion wird in die Cameronbridge Grain Distillery, im Städtchen Cameron Bridge in der
schottischen Region Fife, verlegt.

2004   *Hayman's:* Christopher Haymans Sohn James tritt in die
Firma ein. → 2005
Plymouth: Die ursprüngliche Firma Coates & Co. wird auf-
gelöst; die V&S-Gruppe steigt in das Unternehmen ein, das
daraufhin expandiert. → 2009

2005   *Beefeater* wird von Allied Domecq an Pernod Ricard verkauft.
Hayman's: Christopher Haymans Tochter Miranda tritt in die
Firma ein. → 2007

2007   *Hayman's* führt im Laufe der nächsten fünf Jahre eine Reihe
verschiedener Gin-Stile (inkl. eines *Old Tom*) ein und wird in
mehr als 30 Länder exportiert.

2009   *Plymouth* wird von Pernod Ricard übernommen.

2011   *Greenall's* wird von der Gruppe Quintessential Brands
übernommen.

Was ist Gin?

In der Europäischen Union ist seit 2008 klar definiert, was als Gin bezeichnet werden darf. In der entsprechenden Verordnung ist unter der Ziffer 20 zum Stichwort »Gin« nachzulesen:

a) *Gin* ist eine Spirituose mit Wacholdergeschmack, die durch Aromatisieren von Ethylalkohol landwirtschaftlichen Ursprungs, der entsprechende sensorische Eigenschaften aufweist, mit Wacholderbeeren (*Juniperus communis* L.) gewonnen wird.

b) Der Mindestalkoholgehalt von *Gin* beträgt 37,5 % vol.

c) Bei der Herstellung von *Gin* dürfen nur natürliche und/oder naturidentische Aromastoffe gemäß Artikel 1 Absatz 2 Buchstabe b Ziffern i und ii der Richtlinie 88/388/EWG und/oder Aromaextrakte gemäß Artikel 1 Absatz 2 Buchstabe c der genannten Richtlinie verwendet werden, wobei der Wacholdergeschmack vorherrschend bleiben muss.

Unter Ziffer 21 »Destillierter Gin« ist festgelegt:

a) *Destillierter Gin* ist

i) eine Spirituose mit Wacholdergeschmack, die ausschließlich durch erneute Destillation von Ethylalkohol landwirtschaftlichen Ursprungs von angemessener Qualität und mit entsprechenden sensorischen Eigenschaften und einem ursprünglichen Alkoholgehalt von mindestens 96 % vol in Destillierapparaten, die herkömmlicherweise für *Gin* verwendet werden, unter Zusetzen von Wacholderbeeren (*Juniperus communis* L.) und anderen pflanzlichen Stoffen hergestellt wird, wobei der Wacholdergeschmack vorherrschend bleiben muss, oder

ii) eine Mischung der Erzeugnisse aus dieser Destillation mit Ethylalkohol landwirtschaftlichen Ursprungs der gleichen Zusammensetzung, Reinheit und gleichem Alkoholgehalt; zur Aromatisierung von *destilliertem Gin* können auch natürliche und/oder naturidentische Aromastoffe und Aromaextrakte gemäß Kategorie 20 Buchstabe c verwendet werden.

b) Der Mindestalkoholgehalt von *destilliertem Gin* beträgt 37,5 % vol.

27

....

Egal, um welche Gin-Sorte es sich handelt: Wacholder muss auf jeden Fall darin enthalten sein.

c) *Gin*, der durch den einfachen Zusatz von Essenzen oder Aromastoffen zu Ethylalkohol landwirtschaftlichen Ursprungs gewonnen wird, darf nicht die Bezeichnung *destillierter Gin* tragen.

Unter Ziffer 22 »London Gin« ist schließlich eine Variante des »destillierten Gins« definiert, die den strengsten Vorschriften unterworfen ist:

a) *London Gin* gehört zur Spirituosenart *Destillierter Gin:*

   i) Er wird ausschließlich aus Ethylalkohol landwirtschaftlichen Ursprungs gewonnen und weist einen Methanolgehalt von höchstens 5 g/hl r. auf; sein Aroma wird ausschließlich durch die erneute Destillation von Ethylalkohol in herkömmlichen Destilliergeräten unter Zusetzen aller verwendeten pflanzlichen Rohstoffe gewonnen;

   ii) der Mindestalkohol des hieraus gewonnenen Destillats beträgt 70 % vol;

   iii) jeder weitere zugesetzte Ethylalkohol landwirtschaftlichen Ursprungs muss den in Anhang 1 Nummer 1 aufgeführten Merkmalen entsprechen, allerdings mit einem Methanolgehalt von höchstens 5 g/hl r. A.;

   iv) sein Gehalt an zugesetzten süßenden Erzeugnissen darf nicht mehr als 0,1 g Zucker je Liter des Fertigerzeugnisses betragen, und er enthält keine zugesetzten Farbstoffe;

   v) er enthält keine anderen zugesetzten Zutaten außer Wasser.

b) Der Mindestalkoholgehalt von *London Gin* beträgt 37,5 % vol.

c) Die Bezeichnung *London Gin* kann durch den Begriff »dry« ergänzt werden.

Diese Vorgaben legen zwar viel Wichtiges fest, werden aber dem seit einigen Jahren beständig zunehmenden Angebot nicht mehr gerecht, denn erstens wird Gin mittlerweile auch in vielen Ländern außerhalb der Europäischen Union hergestellt, und zweitens machen es einige neue Varianten nötig, des besseren Überblicks wegen die Liste der »klassischen« Sorten zu erweitern:

Distilled Gin ist der Oberbegriff für sämtliche Gin-Sorten, die durch eine erneute Destillation ihrer Botanicals gewonnen werden. Die aromagebenden Zutaten können dabei entweder als → Mazerat(e) oder auch direkt im → Basisalkohol destilliert werden.

Dry Gin darf gemäß einem Zusatz in der EU-Spirituosenverordnung aus dem Jahr 2014 ein Gin heißen, der an zugesetzten süßenden Erzeugnissen nicht mehr als 0,1 g Zucker je Liter des Fertigproduktes enthält. Hinsichtlich der Süße ist diese Sorte damit dem London (Dry) Gin gleichgestellt.

London (Dry) Gin muss – anders als diese Sortenbezeichnung suggeriert – keineswegs in London hergestellt worden sein. Für diesen Gin, ob mit oder ohne die Bezeichnung »Dry«, gelten die wohl strengsten Vorschriften zur Herstellung überhaupt: Sein Aroma darf nur durch die erneute Destillation von Ethylalkohol unter Zusatz aller verwendeten pflanzlichen Stoffe gewonnen werden; nach dieser zweiten Destillation darf dieser Sorte außer Wasser nichts mehr zugesetzt werden.

Old Tom Gin ist die ursprüngliche Form dieser Spirituosengattung. Traditionell ist diese Sorte mehr oder weniger stark gesüßt; die Sortenbezeichnung kann allerdings beliebig verwendet werden.

Der clockers Gin *(rechts) ist einer der relativ neuen New Western Gins, die noch nicht so verbreitet sind.*
Die inoffizielle Bezeichnung »Blended Gin« bedeutet, dass die Botanicals in Gruppen eingeteilt, auch gruppenweise (statt als Gesamtheit) mazeriert und destilliert werden; die auf diese Weise entstandenen verschiedenen Einzeldestillate werden abschließend zum Endprodukt Gin gemischt (engl. blended).

Plymouth Gin ist zum einen eine gesetzlich geschützte Herkunftsbezeichnung, zum anderen auch ein Markenname. Er ist weniger stark vom Wacholder geprägt als beispielsweise ein London (Dry) Gin, dafür aber von dezent fruchtiger Süße und vergleichsweise vollmundig.

New Western Dry Gin ist eine – noch nicht offiziell definierte – Bezeichnung für eine relativ neue Gin-Sorte, in der nicht mehr der Wacholder die Hauptrolle im Aromenspiel spielt, sondern eine andere pflanzliche Zutat oder sogar mehrere Zutaten, wie beispielsweise Zitrusfrüchte oder Kräuter.

Compound Gin (wörtlich: »Verbindungs-Gin«) bezeichnet einen Gin, dessen Botanicals in den Basisalkohol gegeben und dann nicht mehr destilliert werden. In Teilen des deutschsprachigen Raumes nannte und nennt man so etwas einen »Aufgesetzten«. Seiner schlichten Herstellungsweise wegen wird der Compound Gin in Kreisen der Kenner und Liebhaber im Allgemeinen eher als zweitrangig eingestuft.

Sloe Gin ist genau genommen keine Gin-Sorte, sondern ein Likör auf Gin-Basis, der durch → Mazeration von Schlehen, gegebenenfalls unter Zusatz von Schlehensaft, hergestellt wird. Da der Alkoholgehalt des Sloe Gin üblicherweise niedriger ist (mindestens 25 %) als der eines »richtigen« Gins (mindestens 37,5 % bei jeder Sorte), darf die Verkehrsbezeichnung »Sloe Gin« laut EU-Recht durch »Likör« ergänzt werden.

Botanicals

Koriander: Die Früchte enthalten unter anderem die wohlriechenden ätherischen Öle Linalool und Geraniol.

Dieses frei abgewandelte Zitat aus der Schillerschen Ballade drängt sich dem auf, der eine Liste aller pflanzlichen Zutaten anlegen will, die in Gin enthalten sein können und heute im allgemeinen Sprachgebrauch als »Botanicals« (engl. für »Pflanzen«, »pflanzliche Extrakte«) bezeichnet werden. Nicht jeder Hersteller war bereit, auf die Frage nach den prägenden Botanicals etwas anderes zu nennen außer dem – als Pflichtzutat ohnehin in jedem Gin enthaltenen – Wacholder, aber das Ergebnis war dennoch eine Überraschung: Sie nannten 182 solcher Zutaten in 134 Gins – den Wacholder nicht mitgezählt! Wenn es noch eines weiteren Beweises für die Behauptung bedurft hätte, dass Gin – wie eigentlich jede Spirituose – ein Abkömmling mittelalterlicher Arzneien ist, so liefert ihn diese Liste. Auf ihr fehlt kaum etwas von dem, was ein Mediziner oder Pharmazeut als »heilend« oder zumindest »lindernd« einstufen würde. Viele der als prägend für die jeweiligen Gins genannten Kräuter, Wurzeln, Samen, Blüten, Rinden, Beeren und Früchte werden auch in Publikationen empfohlen, die sich mit Gesundheit, Fitness und Wellness befassen. Insofern könnte man versucht sein, erneut ein Zitat von Schiller abzuwandeln und zu sagen: »Der Gin im Haus erspart den Apotheker!«

Schon einige der Top Ten der Zutatenliste wären eine gute Basis für jede Hausapotheke. Die Nummer eins zum Beispiel, der **Koriander,** trägt in 81 der 134 Gins zum Aroma bei und zugleich zum Wohlsein dessen, der diese Gins trinkt. Denn die kugeligen Früchte des Doldengewächses beziehungsweise die darin enthaltenen ätherischen Öle sorgen für Ruhe im Darm und können zudem in den Bronchien Schleim lösen. In kleinen Mengen hellt Koriander die Stimmung auf, in großen Mengen (die im Gin allerdings ausgeschlossen sind) macht er hingegen müde.

Oder die **Angelikawurzel,** auch Engelwurz genannt, die es als prägende Zutat in 63 von 134 Gins auf Platz zwei schaffte: Auch sie hat dank ihrer ätherischen Öle und verschiedener Bitter-

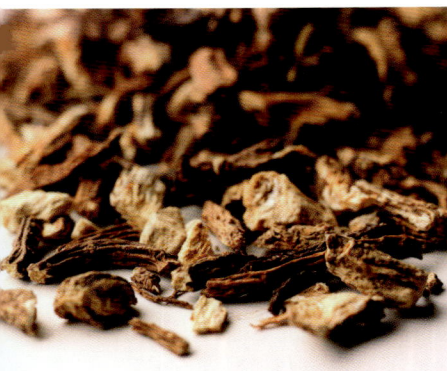

Oben: *Angelikawurzel oder Engelwurz:*
Dieser Doldenblütler regt den Appetit
und die Verdauung an.
Unten: *Zitrusfrüchte jeglicher Art*
bringen erfrischendes Aroma und
außerdem auch heilsame Bitterstoffe.

stoffe vor allem auf den Magen-Darm-Bereich eine positive Wirkung. Nicht von ungefähr ist diese magenstärkende Wurzel aus der Familie der Doldengewächse in sehr vielen Kräuterschnäpsen und -likören enthalten.

Vom **Kardamom** (Platz acht: in 24 von 134 Gins vorkommend) behaupten Kräuterkundige, er fördere die Verdauung und rege den Speichelfluss an, bekämpfe Blähungen und Mundgeruch und sei auch ein Aphrodisiakum.

Ohne Zitrusfrüchte kommt offenbar kein Gin zustande. Ob Fruchtfleisch oder nur die Schalen – süße und bittere **Orangen, Zitronen, Grapefruits** und **Pomeranzen, Limetten** und **Pomelos** (Kreuzung aus Grapefruit und Pampelmuse) sowie nicht näher definierte »Zitrusfrüchte« und »Zitrusschalen« stellen mit insgesamt 134 Nennungen die wohl stärkste Gruppe der Botanicals. Dass die Zahl der Nennungen mit jener der Gins identisch ist, zu denen entsprechende Angaben vorliegen, heißt aber nicht, dass zu jedem der 134 Gins auch eine Zitrusfrucht als prägende Zutat genannt wurde: In mehreren Marken sind zwei oder sogar drei Sorten Zitrusfrüchte als wichtige Zutaten enthalten, während sie in anderen keine so wichtige Rolle zu spielen scheinen. Im Allgemeinen trägt die fruchtig-säuerliche Note aber einen Großteil zum Aroma der meisten Gins bei.

Zitrusfrüchte oder oft nur deren an ätherischen Ölen reiche Schalen werden aber nicht nur beim Herstellen vieler Gins eingesetzt, sondern sind auch Bestandteil zahlreicher Bitter-, Halbbitter- sowie Kräuterliköre, die – maßvoll getrunken – als gesund gelten. Es sind vor allem die Bitterstoffe, die über Nahrung und Getränke dafür sorgen, dass wir uns wohl oder zumindest besser fühlen. Sie wirken sich positiv auf die Schleimhaut aus, sie fördern die Magensaftproduktion sowie den Appetit und regen die Verdauung an. Bitterstoffe entsäuern den Organismus und stärken unser Abwehrsystem, sie geben Kraft und helfen über Erschöpfungszustände hinweg. Skeptikern, die es schon schüttelt, wenn sie das Wort

....

Pfeffer und Piment sind nicht nur für Köche wichtige Gewürze, sondern auch gefragte Gin-Botanicals.

....

Edelweiß trägt einiges zum »alpenländischen Charakter« von (allerdings nur wenigen) Gin-Marken bei.

»bitter« nur lesen oder hören, sei gesagt, dass sich viele dieser Bitterstoffe auf der Zunge meist nur schwach bemerkbar machen, dafür aber eine willkommene herbe Note einbringen.

In Gewürzen zum Beispiel. Hier ist es vor allem der **Pfeffer,** der in verschiedensten Varianten (Weiß, Schwarz, Rot, Rosa) unterschiedlicher Herkunft (z. B. Madagaskar, Java, Indonesien, Kambodscha) manchem Gin das gewisse Etwas verleiht. Zu den beliebten Gin-Gewürzen ist auch der **Piment** zu zählen, auch als Nelkenpfeffer, Jamaikapfeffer oder Neugewürz bekannt. Eine gewisse, jedoch angenehme Schärfe bringt zudem **Ingwer** in immerhin 23 von 134 Gins.

Was Speisen abrundet, kann auch eine Spirituose würzen. Manche der sogenannten Küchenkräuter sind daher nicht nur in guten Küchen, sondern auch in Gin-Brennereien zu finden: **Borretsch, Kerbel** und **Kresse, Lorbeerblätter, Petersilie** und **Rosmarin, Salbei, Sauerampfer** und **Schnittlauch** zum Beispiel. Dass ein Ensemble aus Kräutern auch die Hauptrolle besetzen kann, zeigt das Beispiel des *Gin Sieben*, der als »echter Frankfurt Dry Gin« ausgewiesen ist: Bei dieser Marke wird der Wacholder von den sieben Kräutern, die auch in der traditionellen Frankfurter Grünen Soße geschmacklich den Ton angeben, zum Statisten degradiert. Als ein von regionalen Zutaten geprägter Gin entspricht diese Marke der jüngsten Entwicklung: Das Aroma des Gins wird (mit)bestimmt durch Botanicals, die als typisch gelten für ein Land oder sogar für eine Region. Das ist im *Noble White* zum Beispiel das für Gebirgsregionen typische **Edelweiß,** das neben **Alpenrosen** auch im *Swiss Crystal* steckt. Im *Granit* hingegen sind **Bärwurz** und **Enzianwurzel** (vom Gelben Enzian) als regionale pflanzliche Würzen enthalten, und der *Monkey 47* verdankt seine Schwarzwaldnote unter anderem **Brombeerblättern, Fichtensprossen** und **Preiselbeeren.** Und weil Bayerns Landeshauptstadt München auch »Bierstadt« ist, dominieren in *The Duke Munic Dry Gin* die Biergrundstoffe **Hopfen** und **Malz.**

Baobab: Die Frucht des Affenbrotbaumes gilt – nicht nur in Afrika – als
Allround-Heilmittel.

Nicht auf eine Region oder ein Land, sondern gleich auf ganz Afrika zugeschnitten ist der *Elephant London Dry* Gin: Die afrikanische Heilpflanze **Buchu,** die im Süden jenes Kontinents gerne als Tee kredenzte, aromatische und leicht bittere **Teufelskralle** und **Löwenschwanz,** ein als »magisch« bezeichnetes Kraut mit beruhigender Wirkung, prägen neben **Afrikanischem Wermutkraut** und der als **Baobab** bekannten Frucht des Affenbrotbaumes (die übrigens auch im *Whitley Neill* steckt), den *Elephant,* dessen Hersteller ein Faible für Afrika haben.

Wer sich für die Botanicals interessiert, die aus einer Wacholderspirituose erst einen Gin machen, der muss sich mit der globalen Flora befassen, muss vermutlich häufig in der einschlägigen Literatur nachschlagen und nicht selten auch übersetzen (lassen). Wer weiß denn schon, dass mit dem Namen **Camu-Camu** die Frucht eines Myrtengewächses aus der westlichen Amazonasregion, vorwiegend aus Peru, gemeint ist, die vierzigmal mehr Vitamin C enthält als eine Orange? Und selbst wer die englische Sprache beherrscht, wird nicht unbedingt wissen, dass **Sea Buckthorn** die englische Bezeichnung von Sanddorn ist, und **Cape Gooseberry** zwar mit Kap-Stachelbeere korrekt übersetzt ist, damit aber nichts anderes gemeint ist als das, was bei uns gemeinhin Physalis genannt wird. Wer sein Englisch um botanisches Vokabular erweitern will, sollte einige Gin-Webseiten zurate ziehen und dort unter »Botanicals« nachsehen; etwa die von *The Botanist,* wo zudem auch die lateinischen Bezeichnungen aufgeführt sind: **Mugwart** = *Artemisia vulgaris* = Beifuß, oder **Lady's bedstraw** = *Galium verum* = Echtes Labkraut, oder **Lemon balm** = *Melissa officinalis* = Zitronenmelisse, oder auch **Bog Myrtle (Sweet Gale)** = *Myrica gale* = Gagelstrauch, und so weiter und so fort.

Wer sich mit den insgesamt gewiss weit mehr als 182 Botanicals näher befasst, wird feststellen, dass viele davon, wenn nicht sogar die Mehrheit, bereits in teilweise uralten Schriften als Heilpflanzen erwähnt und beschrieben und auch heute noch ihrer Wirkung wegen geschätzt sind: So wirkt **Hopfen** zum Beispiel nachweislich beruhigend und wurde wohl nicht zuletzt deswegen auch – als Echter Hopfen – zur Arzneipflanze des Jahres 2007 gekürt. Gegen Hustenreiz, Halsschmerzen und Entzündungen kann mit **Spitzwegerich** angegangen werden. Der **Stechginster** ist eine der 38 Bachblüten-Essenzen. **Echtes Labkraut** wirkt beruhigend, blutstillend, entzündungshemmend, krampflösend und nervenstärkend. All diese »Nebenwirkungen« sind zwar nicht der Grund dafür, dass Gin-Brenner diese Zutaten einsetzen, aber für Gin-Interessierte (hoffentlich) dennoch interessant.

Allerlei Botanicals aus aller Welt zeigt diese Übersicht über die Zutaten, die im Citadelle stecken.

Almond
Spain

Iris Root
Italy

Juniper
France

Fennel of the
Mediterranean

Anise
France

Paradise
Grain Africa

Orange Peel
Mexico

Cardamom
India

Violet Root
France

Lemon Peel
Marocco

Coriander
Marocco

Cubeb
Java

Cassia of the
Mediterranean

Licorice
China

Savory
France

Nutmeg
India

Angelica
Saxe

Cumin
Holland

Cinnamon
Sri Lanka

35

Herstellung

Es klingt oder liest sich ganz einfach: Durch Vergärung gewonnener niedrigprozentiger Alkohol wird zu hochprozentigem destilliert oder, wie es umgangssprachlich heißt, gebrannt. Und schon ist eine Spirituose fertig, in der die Aromen des Rohstoffes konzentriert sind. So wird aus Getreide über die »Zwischenstufe Bier« Whisk(e)y, aus Wein wird Cognac, Armagnac, Weinbrand oder Brandy, aus Obstwein werden Obstbrände und so weiter. Alles, was Zucker enthält, kann durch die Vergärung (→ Gärung) dieses Zuckers zu Alkohol werden. Alles, was Stärke enthält, ebenfalls, dazu ist jedoch eine weitere Stufe der Verarbeitung nötig: Die Stärke, die zum Beispiel Bestandteil von Getreide oder Kartoffeln ist, muss zunächst in vergärbaren Zucker umgewandelt werden. Das geschieht in der → Maische.

Gin-Herstellern ist freigestellt, auf welcher Alkoholgrundlage sie ihre Erzeugnisse aufbauen. Viele von ihnen stellen diese Grundlage nicht einmal selbst her, sondern beziehen sie entweder von großen Brennereien oder von staatlichen Stellen. Unabhängig von der Quelle muss es auf jeden Fall Ethylalkohol landwirtschaftlichen Ursprungs sein. Nach Auskünften einer durchaus repräsentativen Anzahl von Herstellern ist das für rund zwei Drittel aller Gins Getreide, zumeist Weizen, selten sogar Bioweizen. Ein Fünftel nannte als alkoholische Basis ihrer Ginmarken entweder Agraralkohol oder Neutralalkohol oder schlicht → Ethanol –, also grundsätzlich einen aus welchem Rohstoff auch immer destillierten Alkohol unterschiedlicher Stärke, Hauptsache landwirtschaftlichen Ursprungs.

Ein Destillat aus zuvor → gemälzter Gerste ist fast immer die Basis von Gin aus einer Whisky Distillery in Schottland. Das hat seinen guten Grund: Gerstenmalz ist alleiniger Rohstoff für jeden Malt Whisky. Den darf eine Brennerei aber nur als solchen abfüllen, wenn das Destillat mindestens drei Jahre zum Reifen in einem Holzfass gelagert wurde. Eine neu gegründete Whisky Distillery muss also zumindest diese drei Jahre finanziell überbrücken. Dafür bietet es sich an, aus einem Teil des

Oben: Josef Farthofer aus Niederösterreich destilliert Bioweizen zu Basisalkohol für seinen Organic Premium Gin.
Unten: Gerste wird gemälzt, eingemaischt, vergoren, destilliert: Die Basis für GILT Single Malt Scottish Gin.

*Oben: Kartoffeln aus eigenem Anbau
sind der Rohstoff für den Basisalkohol
der Marke* Windspiel.
*Unten: Nicht die Regel, sondern die
Ausnahme bei der Gin-Herstellung ist
→ Wacholderlutter als Basisalkohol.*

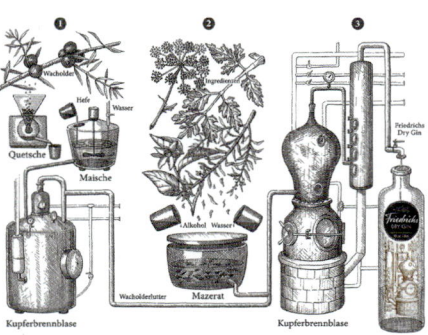

frischen Destillats einen Gin herzustellen. Der braucht keine
langwierige Reifung, allenfalls eine relativ kurze Zeit der
Lagerung, damit sich seine einzelnen Bestandteile zu einer
harmonischen Einheit verbinden können.

Roggen als Fundament haben nur wenige Gins: Zu ihnen
gehört auch der schweizerische *Xellent* – allerdings nur
indirekt: Der Hersteller DIWISA verwendet als Fundament für
diesen Gin seinen Wodka gleichen Namens – und dieser
Xellent Swiss Vodka wird aus heimischem Roggen gewonnen.

Kartoffeln sind wie Mais und Reis stärkehaltige Produkte, die
zu Alkohol werden, der dann zu Gin weiterverarbeitet wird.
Dieses Trio hat jedoch an der Gesamtheit der Rohstoffe nur
einen Fünf-Prozent-Anteil, nicht einmal die Hälfte dessen, was
die anderen Rohstoffe zusammenbringen. Das sind vor allem
Weintrauben, die als Traubenmost zu Wein vergären und als
solcher destilliert werden. Solche Weindestillate sind Fundament von immerhin dreieinhalb Prozent der Gins, zu denen
einschlägige Auskünfte vorliegen. Der Rest basiert auf Alkohol,
der aus Zuckerrohr oder aus der beim Verarbeiten von Zuckerrohr als Nebenprodukt anfallenden Melasse gewonnen wird.
Auch Äpfel können zu Gin werden, beispielsweise über Cidre,
den Apfelwein aus Frankreich, der üblicherweise zu Calvados
destilliert wird. Einen ganz und gar ungewöhnlichen Weg
geht die hessische Brennerei Henrich, die den (Frankfurter) *Gin
Sieben* herstellt: Ein Teil des Alkohols für dessen Fundament
kommt aus einer Frankfurter Brauerei; und zwar ist es der
Alkohol, den die Brauer dort ihren zunächst als »Vollbier« eingebrauten und dann als »Alkoholfreies Bier« abgefüllten
Sorten Pils und Weizen nachträglich entzogen haben. Diese
Methode zur Herstellung von alkoholfreiem Bier ist zwar nicht
ungewöhnlich, eine solche Weiterverwendung des einem
Vollbier entzogenen Alkohols aber ganz bestimmt.

Wacholder selbst kann auch ein Rohstoff für den Basisalkohol
eines Gins sein, wie *Friedrich's Dry Gin* zeigt. Dieser stammt
wie sein berühmter »Wacholderbruder« namens *Steinhäger* aus

der Brennerei Friedrich Schwarze und enthält ebenfalls → Wacholderlutter (Wacholderbrand): Dieses aus vergorenen Wacholderbeeren gebrannte Destillat wird mit den in Getreidebrand mazerierten Botanicals vermischt. Die Mischung aus Wacholderbrand und per → Mazeration aromatisiertem Getreidebrand wird schließlich in einer weiteren → Brennblase erneut destilliert und damit zum Dry Gin.

Oben: Durch die »Fenster« lässt sich der Verlauf der Destillation von Hayman's Gin *ständig beobachten. Rechts: Weizendestillat, mazerierte und frische Botanicals werden in dieser Anlage zu* Cotswolds Dry Gin.

....

Linke Seite links: Im Spirit Safe *werden Vor- und Nachlauf des Destillats vom »Herz« abgetrennt und ausgeschieden.*
Rechts: In einem solchen → Alambic charentais wird nicht nur Cognac gebrannt, sondern auch der Citadelle Gin.

....

Was auch sonst noch einem Gin sein individuelles Aroma gibt – Wacholder ist immer dabei.

Wer einen Gin auf den Markt bringen will, hat also vorab schon mehrere Möglichkeiten. Er kauft den zur Herstellung nötigen Basisalkohol oder beauftragt eine Brennerei mit dessen Herstellung. Stellt er das Fundament selbst her, kann er aus einer ganzen Reihe »landwirtschaftlicher Rohstoffe« wählen. Auch steht es ihm frei, ob er das Destillat im → kontinuierlichen oder im → diskontinuierlichen Verfahren erzeugen will. Grundsätzlich gilt es aber zu beachten: Je höher der Alkoholgehalt, mit dem das frische Destillat aus egal welcher Brennblase »abgezogen« wird, desto weniger vom Aroma des Rohstoffs ist darin noch enthalten. Denn beim zunehmenden Ansteigen des Alkoholgehalts werden nicht nur die unerwünschten Nebenbestandteile wie Fuselöl, Aldehyde, Ester und Säuren nach und nach eliminiert, sondern auch die erwünschten. Es hängt von der Erfahrung und Sorgfalt des Brenners ab, wie »rein« und dennoch aromatisch sein Destillat ausfällt. Er steuert das beim → Feinbrand durch rechtzeitiges Abtrennen des → Vor- und des → Nachlaufs. Grundsätzlich wird nur der → Mittellauf (Herzstück) des Destillats für eine Spirituose benutzt.

Wacholderbeeren sind zwar ein Muss, wenn die Spirituose als Gin verkauft werden soll, jedoch sind die Beeren des *Juniperus communis* aus der Familie der Zypressengewächse keine Solisten, sondern lediglich Mitspieler im ständig größer werdenden Aromen-Orchester. Und die Zeiten, zu denen sie in diesem grundsätzlich den Ton angaben, sind auch vorbei. Es sind, wie wir wissen, die Botanicals, die pflanzlichen Zutaten, die dafür sorgen, dass kein Gin wie ein anderer riecht und schmeckt. Auswahl und Dosierung dieser Zutaten verschaffen den Herstellern schier endlosen Spielraum. Sie können die Botanicals aus aller Welt importieren, sie können wildwachsende oder speziell gezüchtete Pflanzen oder eben Teile davon in ihren Gin einbringen, sie können Kräuter oder Beeren aus der Umgebung als alleinige oder zusätzliche Würze einsetzen oder auch ihrem Gin durch gezielte Wahl der prägenden Botanicals einen regionalen Charakter geben. Die Möglichkeiten sind nahezu unbegrenzt.

....

*Aus diesem Sukkulentenhaus (ganz
oben) kommen die von Hand gepflück-
ten Botanicals für den* Von Hallers Gin.
*Mitte: Brennmeister Franz Huber
sammelt viele der Kräuter für seinen*
Xellent Swiss Gin *noch selber.*
*Unten: Gerhard Fink destilliert bei-
spielsweise die Zitrusfrüchte für seinen* Albfink Dry Gin *jeweils separat.*

Die Botanicals werden unterschiedlich vorbereitet. Das eine
Rezept sieht zum Beispiel frische Wacholderbeeren vor, ein
anderes hingegen getrocknete. Die einen Kräuter geben
mehr Aroma ab, wenn sie frisch sind, die anderen, wenn sie
getrocknet verarbeitet werden. In diesen Gin müssen Zitrusfrüchte samt ihrem Fruchtfleisch, in jenen nur die Schalen,
und diese wiederum entweder ganz oder nur als Zesten, frisch
oder getrocknet. Die Liste ließe sich beliebig verlängern ...

Die gängigste Methode, die Aromen (und auch die Wirkstoffe)
der Botanicals in den Gin einzubringen, ist die → Mazeration,
also ein Auslaugen in Alkohol oder in einem Gemisch aus
Alkohol und Wasser. Dieses »Bad« dauert je nach Rohstoff
unterschiedlich lange, folglich muss der Hersteller seine
Botanicals entweder je nach Mazerationsdauer in Gruppen ein-
teilen, diese Gruppen dann gesondert mazerieren und erst
am Ende zusammenmischen, oder die Botanicals einzeln nach
und nach in den Alkohol oder eben in das Alkohol-Wasser-
Gemisch geben. Der Rohstoff, der die längste Zeit braucht, um
seine Aromen freizugeben, kommt als Erstes »ins Bad« ...

Das Mazerieren spaltet die Gin-Erzeuger in zwei Lager: Jeder
Gin-Brenner ist auch ein Hersteller, aber nicht jeder Hersteller
ist auch ein Brenner! Wer zum Beispiel den Basisalkohol
kauft, anstatt ihn selbst zu destillieren, in diesem Alkohol
seine Botanicals mazeriert und diese Mazerate nicht erneut
destilliert, sondern einfach zu einem Compound-Gin mischt
(siehe Seite 30), ist kein Brenner, sondern »nur« ein
Hersteller. Die Erzeuger aller anderen Gin-Sorten hingegen
dürfen sich sehr wohl Brenner nennen, denn sie destillieren
das Grunddestillat erneut. Auch dabei gibt es Spielraum.

••••••••••••••••••

*Rechts: Für Ferdinand's Saar Dry Gin
werden die Botanicals mit besten
heimischen Weinen kombiniert.
Unten: Beim Mazerieren geben die
Botanicals ihre Aromen an den
Alkohol ab, hier für den Beefeater.*

••••••••••••••••

*Brennmeisterin Lesley Gracie gibt die
Botanicals für Hendrick's Gin in den
»Destillierkorb«.*

Für den *nginious Swiss Blended Gin* zum Beispiel werden die Botanicals in Gruppen eingeteilt und als solche sowohl mazeriert als auch anschließend destilliert. Erst die verschiedenen, bereits destillierten Extrakte werden zum Endprodukt Gin vermischt (engl. *blended*). Üblicherweise werden allerdings die verschiedenen Mazerate gemeinsam destilliert, ob zuvor abgeseiht oder als »echte Mazerate« – also einschließlich der zumindest weitgehend ausgelaugten Botanicals –, bleibt dem Hersteller überlassen.

Der Aromentransfer in die → Brennblase ist freilich auch ohne vorherige Mazeration möglich. Denn ein längeres Destillieren mit behutsam gesteigerten Temperaturen kann den Zutaten ebenfalls die Aromen entziehen, wobei diese dann über den Alkoholdampf ins Destillat übergehen können. In dem Fall haben die Erzeuger die Wahl zwischen zwei Möglichkeiten: Entweder geben sie die Botanicals direkt in den schon mindestens einmal destillierten Alkohol, der nun erneut destilliert werden muss. Oder sie wenden das Verfahren an, das als Dampfinfusion bekannt ist: Dabei werden die aromatischen Zutaten nicht direkt in den Alkohol gegeben, sondern in einen kupfernen »Korb«, der oberhalb der Flüssigkeit in der Brennblase befestigt wird. So durchzieht nur der zuerst aufsteigende Alkoholdampf die Botanicals, entzieht diesen dabei auf schonende Weise die Aromen und bringt sie über diesen Dampf, der durch Abkühlen kondensiert wird, in das Destillat ein, das jetzt theoretisch schon ein Gin ist. Trinkbar wäre »Gin« frisch aus der Brennblase freilich allenfalls für jemanden mit einer Leber aus Gusseisen, denn er muss erst noch mit Wasser auf Trinkstärke verdünnt werden; und die darf bei keiner Gin-Sorte unter 37,5 % liegen.

*Oben: In der → Carter Head Still
kommen die Botanicals für den Bombay
Sapphire nicht direkt mit dem aus
Getreide gewonnenen Alkohol in
Verbindung, sondern werden nur von
dessen Dampf durchzogen.
Unten: Der Birkenhof-Destillateur
probiert das Destillat, das zum Gin
Gentle 66 wird.*

Was, aus welcher Art von Brennblase auch immer, nach dem Abtrennen von → Vor- und → Nachlauf als → Mittellauf aus der Brennblase »abgezogen wird, ist grundsätzlich farblos, auch das, was später zur sogenannten »braunen Spirituose« ausgebaut wird. Farbe nimmt ein Destillat erst durch eine mehr oder weniger lange Reifezeit in einem Fass an. Reifen im Sinne von Altern muss ein Gin nicht – eine gewisse Zeit des Lagerns, des Ruhens ist allerdings nötig, damit sich die verschiedenen Aromen zu einer harmonischen Einheit verbinden können. Dafür braucht es allerdings kein Fass, überhaupt kein Holz – Behältnisse aus Steingut, Edelstahl oder auch Glas genügen für diesen Zweck.

Und doch gibt es Gin »mit Farbe«, die er in einem Fass angenommen hat. Das Zusammenspiel von Sauerstoff und Holz (dessen Poren den Sauerstoff ans Destillat heranlassen) verändert jede Art von Destillat. Einige Aromen lösen sich buchstäblich in Luft auf, zum Glück sind das üblicherweise nur solche, die eher negative als positive Eigenschaften haben. Der andauernde Holz-Sauerstoff-Kontakt führt auch zur Bildung neuer Aromen, die typisch für den Reifecharakter sind. Wer ein Gin-Destillat in zwei Hälften teilt und die eine Hälfte nach der bereits erwähnten Ruhezeit als farblosen Gin (»weiße« Spirituosen gibt es nicht!) abfüllt, die andere aber erst nach längerer Reifezeit im Holzfass, der bringt zwei deutlich verschiedene Gins derselben Marke auf den Markt.

Die Schotten haben mit dem *finishing* ihrer Malt Whiskys eine Lawine ins Rollen gebracht, die jetzt offenbar auch schon Teile des Gin-Marktes erfasst hat. Beim Scotch Single Malt Whisky ist dieses *finishing* eine Nachreifung in anderen gebrauchten Fässern als jenen der vorangegangenen regulären Reifung. So bekommt der Malt noch das mehr oder minder spürbare Aroma von Portwein, Sherry, Madeira oder anderem Wein oder gar das von einer anderen Spirituose mit auf den Weg. Dieses zusätzliche Aromatisieren über ein zuvor für die Lagerung von anderem Alkohol benutztes Fass gibt es mittlerweile auch in der Gattung Gin. Hier ist das allerdings kein *finishing* im Sinne schottischer Malt-Hersteller, also keine Nach- und damit zweite Reifung, sondern die erste und einzige Alterung in einem Fass, das »noch etwas hergibt«. Das können Spuren von Bourbon Whiskey sein wie zum Beispiel im *Albfink Aged* oder im *Eden Mill Oak,* die beide in Fässern reifen, in denen zuvor dieser amerikanische Whiskey-Typ alterte. Als »Martini Cocktail« aus dem Fass könnte man hingegen den *nginious Vermouth Cask Finish* bezeichnen. Was sein Reifefass zuvor enthielt, vermittelt schon das Etikett des *Spitzmund Sherry Cask Reserve.* Und *Stauffenberg Aged Gin,* bei dessen Destillation bereits Obstbrand zugesetzt wird, altert in einem Fass, das vorher mit einem Brand aus Maulbeeren gefüllt war. Einen ganz anderen Weg geht die Emil Scheibel Schwarzwald-Brennerei mit ihrem Gin, der den originellen Namen *The oriGINal* trägt. Ein nach dem Rezept dieses Haus aus Weizen extern erzeugter (der

Ein Jahr reift der Bavarka Bavarian Gin *in Behältern aus Steingut. Probieren ist dabei obligatorisch.*

....

Wenn ein Gin abgefüllt wird, haben seine »Einzelteile« meist einen langen Weg hinter sich.

Brenner bleibt leider anonym) Distilled Gin wird in Fässer gefüllt, die zuvor Scheibel Cherry Brandy enthielten. Der Kirschlikör gibt dem »Nachmieter Gin« über die Hinterlassenschaft im Fass die Farbe Rosé und das interessante Bouquet.

Natürlich lässt sich darüber diskutieren, ob es angebracht ist, Gin überhaupt reifen zu lassen und ihm dabei vielleicht sogar noch ein zusätzliches »untypisches« Aroma mitzugeben. Die Meinungen zum Beispiel über gealterte Grappa sind auch geteilt: Die eine Fraktion begrüßt diese Versionen als höchst interessante Ergänzung, die andere lehnt sie als »Verfälschung der ursprünglichen Spirituose« rundweg ab. Dem gereiften Gin wird es nicht anders ergehen. Aber seien wir tolerant, nach dem Motto *»De gustibus non est disputandum«* – eine Bereicherung des Angebotes sind die mehr oder weniger alten, zusätzlich aromatisierten Gins auf jeden Fall.

Gin-Marken

Vorab einige Hinweise:

Die Markennamen wurden in der üblichen Form geschrieben; die Großschreibung wurde nur angewandt, wenn sie Teil des Markennamens ist, wie zum Beispiel **G!N** *1948* oder **G.I.N.** *Hägmoar.* Der Gattungsbegriff »Gin« wurde nur dann vor den Markennamen gestellt, wenn er auch Teil dieses Markennamens ist.

Das Land, in dem der Gin hergestellt wird (Herkunftsland) ist jeweils in der Kopfzeile über dem Markennamen angegeben. Hat der Markeneigner seinen Sitz nicht in dem Herkunftsland seines Gins, ist das Land des Geschäftssitzes nach der Adresse des Markeneigners extra nochmals ausgeschrieben genannt.

Bei allen sachlichen Angaben war der Autor auf Informationen der jeweiligen Hersteller bzw. deren Importeure in den deutschsprachigen Ländern angewiesen. Da deren Angaben, besonders zur Herstellung, nicht immer eindeutig oder vollständig waren, kann für die Richtigkeit bzw. Vollständigkeit keine absolute Gewähr gegeben werden.

Was die Verkostung anbelangt: Sogenannte Tasting Notes, Degustationsnotizen, wurden jeweils nur für einen Gin verfasst, in der Regel für die Grundversion bzw. die meistverkaufte und/oder bekannteste Version jeder Marke. Zusätzliche Versionen (inklusive des Likörs *Sloe Gin*) sind lediglich mit ihren besonderen Merkmalen erwähnt. Dabei ist immer zu bedenken: Degustationsnotizen basieren grundsätzlich auf persönlicher Eindrücken. Da jeder Mensch individuelle sensorische Eigenschaften hat, kann ein Leser einen von dem des Autors und anderer Verkoster abweichenden Eindruck von einem Gin bekommen.

DEUTSCHLAND

Adler Berlin

Markeneigner

Schroff & Stahl GbR
c/o Preußische
Spirituosenmanufaktur
Seestraße 13
13353 Berlin
www.psmberlin.de

Produktionsstätte

siehe Markeneigner

Ursprungsjahr der Marke

ca. 1870er/2005

Die beiden Markeneigner Dr. Ulf Stahl, Professor für Mikrobiologie, und Hotelier Gerald Schroff.

WISSENSWERTES

Im Jahr 1874 wurde per Kabinettsorder die Preußische Spirituosenmanufaktur als Versuchs- und Lehranstalt für Spirituosenfabrikation gegründet. Unter deren Leiter, dem Chemiker Professor Max Delbrück, wurden Liköre und Spirituosen mit dem Markennamen »Adler« hergestellt – darunter auch ein Gin. Zwei Weltkriege und die wirtschaftliche Depression besiegelten das Ende der Adler-Spirituosen, und auch nach einem Neubeginn in den 1950er-Jahren konnte die Brennerei nicht mehr an frühere Erfolge anknüpfen. Es ging erst wieder aufwärts, nachdem Dipl.-Ing. Prof. Dr. Ulf Stahl und Dipl.-Hotelier Gerald Schroff 2005 die Traditionsmarke »Adler« und unter anderem den Gin neu auflegten und schließlich vier Jahre später die Preußische Spirituosenmanufaktur vollständig übernahmen.

HERSTELLUNG

Die Basis dieses Gins ist hochwertiger Neutralalkohol aus einer speziellen Getreidemischung. Dieser wird mit vergleichsweise wenigen Botanicals in einer → Vakuum-Destillieranlage aus dem Jahr 1924 schonend destilliert: Dieses Brennverfahren mit herabgesetzter Siedetemperatur (80 Grad statt 100 Grad Celsius) sorgt dafür, dass die Aromen der Zutaten weitestgehend erhalten bleiben. Damit sich die Aromen zu einer harmonischen Einheit verbinden können, reift der aufwendig hergestellte *Adler Gin* noch drei bis acht Monate in Gefäßen aus Steingut, bevor er abgefüllt wird.

VERKOSTUNG

Nicht zu kalt probieren! In der Nase drängt sich Wacholder vor, dazu kommen Zitrusnoten und ein Hauch von Lavendel. Am Gaumen gibt er sich warm, mild und ausgewogen, er wird nur dezent dominiert vom Wacholder, mit dem Lakritztöne, Lavendel, Fichtennadeln und Zitrus (Grapefuit?) eine höchst angenehme Aromenallianz bilden, die sich in voller Stärke im Abgang lange hält.

Sieht geschrieben kompliziert aus,
ist aber leicht auszusprechen: »Ej-st«
oder wie englisch »aced«.

43,5 %

OSTERREICH

Aeijst

Markeneigner

Wolfgang Thomann
Lang 14B
8403 Lang
www.aeijst.at

Produktionsstätte

Brennerei des Weinguts
Muster Gamlitz
Grubtal 14
8462 Gamlitz

Ursprungsjahr der Marke

2014

WISSENSWERTES

Aeijst (sprich »Ej-st‹) werden im steirischen Dialekt die Äste bzw. das Geäst genannt. Dass sich Wolfgang Thomann für diesen ungewöhnlichen Markennamen entschied, als er 2014 seinen Gin kreierte, hat zumindest bewirkt, dass bereits das Etikett Interesse weckt. Das sollte es auch, denn die Steiermark war nicht gerade bekannt für Gin – und Thomann wollte das ändern. Verschiedene Auszeichnungen (u. a. beim World Spirits Contest 2015 in London) beweisen, dass ihm das mit dem *Styrian Pale Gin* aus hundert Prozent biologisch zertifizierten Zutaten gelungen ist.

HERSTELLUNG

Die neun pflanzlichen Zutaten werden – individuell dosiert – im aus Weizen erzeugten Basisalkohol mazeriert, danach abgeseiht und in einer dreihundert Liter fassenden Anlage gereinigt. Zur Harmonisierung lagert der *Aeijst* mindestens zwei Monate in Stahltanks. Auf Trinkstärke wird er schließlich mit Wasser aus einer südsteirischen Quelle gebracht, mit dem auch ein bekanntes Bier gebraut wird.

VERKOSTUNG

Puristischer Gin-Stil in einer puristischen Verpackung – und ein »Gin für Fortgeschrittene«, wie ein Liebhaber der Marke feststellte. Da er kaum fruchtige Komponenten aufweist, wirkt er sehr würzig, geradezu maskulin. Der Wacholder bestimmt das Geschmacksbild, ätherische Nadelholzaromen und Kräuternoten, Pfeffer sowie (ganz dezent) Lavendel runden dieses Bild von einem würzigen Gin ab, der dennoch eine gewisse Leichtigkeit und Eleganz hat. Das Finish ist angenehm, warm und lang.

40,0%

Albfink

Markeneigner

Hans-Gerhard Fink
c/o finch® Whiskydestillerie
Am Berg 5
72535 Heroldstatt
www.finch-whisky.de

Produktionsstätte

siehe Markeneigner

Ursprungsjahr der Marke

2014

Nach seinem Erfolg mit finch® *Whisky*
entwickelte Hans-Gerhard Fink den
Albfink Gin.

WISSENSWERTES

Gin ist offensichtlich eine Herausforderung für viele Brenner. Folglich hat der mit seinem vielfach ausgezeichneten *finch*® *Schwäbischer Highland Whisky* bekannt gewordene Hans-Gerhard Fink bei der Erweiterung seines Sortiments für Bars und andere Gastronomiebetriebe 2014 auch einen Gin kreiert. Die Bedingungen dafür waren ideal: Auf der Schwäbischen Alb gedeihen neben besonderen Getreidesorten auch Wacholder und verschiedene Kräuter. Kristallklares, sauberes Wasser, das ebenfalls Voraussetzung für einen guten Gin ist, findet sich ebenso in dieser noch weitgehend unberührten Natur. So wurde auch der *Albfink Gin* bereits mit Auszeichnungen bedacht.

HERSTELLUNG

Der *Albfink* ist ein in kupfernen → Brennblasen mehrfach destillierter Dry Gin. Neben dem Wacholder geben ihm bis zu sechzehn Kräuter und vor allem frische Zitrusfrüchte sein ganz individuelles Aroma.

VERKOSTUNG

Sowohl in der Nase als auch am Gaumen deutlich vom Wacholder geprägt. Im Duft tauchen auch feine Zitrusnoten auf, Kräuter hingegen lassen sich kaum wahrnehmen. Auf der Zunge wirkt *Albfink* trotz kräftiger Wacholdernote fein ausbalanciert und mild. Angenehmer, lang anhaltender Abgang.

*Diese Marke gibt es außerdem noch als **Albfink Aged Gin**: Er ist 8 Monate in einem ehemaligen Bourbonfass gereift und hat 46,0 % Alkoholgehalt.*

PERU

Amazonian Gin Company

Markeneigner

The Inca Distillery S.A.C.
Calle 2, Mz. LL, Lote 11
Ate, Lima
www.tid.pe

Produktionsstätte

siehe Markeneigner

Ursprungsjahr der Marke

2015

Eine → Brennblase (→ Alambic)
in der Inca Distillery, die auch den
Amazonian Gin Company herstellt.

WISSENSWERTES

Die Inca Distillery ist als Einzige in Peru auf Premiumprodukte spezialisiert. Das Team setzt sich zusammen aus Profis verschiedener Tätigkeitsbereiche, und die Brennerei in der Hauptstadt Lima verfügt über eine moderne Infrastuktur. Einzigartig im Land ist die »Cooper«-Destillieranlage, eine spezielle Anfertigung der Firma Carl GmbH im deutschen Eislingen/Fils: Diese zu hundert Prozent aus Kupfer gefertigte Anlage bringt im Kolonnenverfahren Destillate in größtmöglicher Reinheit zustande.

HERSTELLUNG

Schon der Alkohol fällt aus dem Rahmen des Üblichen: Er wird aus Zuckerrohr destilliert, das auf dem Landgut Manuelita in Loredo geerntet wird. Die pflanzlichen Rohstoffe, die für das individuelle Aroma dieses Gins sorgen, werden fast ausschließlich von lokalen Produzenten geliefert. Das Wasser für den *Amazonian* ist kristallklares Gletscherwasser aus den Anden. Bemerkenswert ist auch, dass es zur Inca-Qualitätspolitik gehört, pro Charge nur Gin für 160 (nummerierte) Flaschen zu erzeugen.

VERKOSTUNG

Ein geradezu exotischer Gin dank prägender Botanicals wie beispielsweise Minneola und weiterer Zitrusfrüchten aus dem Amazonasgebiet, Camu Camu oder Sacha Inchi. Die Nase spürt zunächst nur frische Zitrus- und Kräuternoten auf, der Wacholder hält sich im Hintergrund. Am Gaumen tritt dieser Gin dann so komplex auf, dass sich Wacholder, Kräuter, Blüten, Gewürze und Früchte nur noch schwer trennen lassen. Chef-Destillateur Eric Röthig-López empfiehlt zwar den *Amazonian* zum Mischen mit Tonic, aber seine gebündelte Aromenvielfalt und sein exotischer Charakter erschließt sich nur dem Interessierten wirklich, der diesen Gin pur und in Zimmertemperatur probiert.

GROSSBRITANNIEN/ENGLAND

Bankes London Dry Gin

Markeneigner

Davide Campari – Milano S.p.A.
Via F. Sacchetti 20
20099 Sesto San Giovanni
(Milano), Italien
www.bankes.it

Produktionsstätte

Langley Distillery
Crosswells Road, Langley Green
Warley B68 8HA

Ursprungsjahr der Marke

keine Angabe

WISSENSWERTES

In der familienbetriebenen Langley Distillery wird schon seit 1920 Gin gebrannt. Sie ist heute eine der größten Gin-Produzenten der Welt und stellt pro Woche rund eine Million Flaschen dieser Spirituose her, verteilt auf mehr als 100 Marken! Destilliert wird je nach Marke in verschiedenen → Pot Stills mit bis zu 12 000 Liter Fassungsvermögen, die traditionell nach Frauen benannt sind, die in der Brennerei wichtige Rollen spielten: »Jenny« zum Beispiel, in der auch *Bankes* gebrannt wird, ist benannt nach der Tochter des Mannes, der Langley's Master Distiller Rob Dorsett einstmals sein Handwerk lehrte.

HERSTELLUNG

Die Unterzeile auf dem Etikett ist ein Hinweis auf die Besonderheit dieses Gins: »Premium Blended Gin« ist da zu lesen. Das heißt, dass dieser Gin eine Mischung (engl. *blend*) aus zwei Gins ist. Für beide werden zehn Botanicals aus aller Welt mazeriert, darunter Wacholder aus Mazedonien, Muskat aus Ostindien, Zimtrinde (Cassia) aus China, Süßholzwurzeln aus Süditalien sowie Angelikawurzeln aus Frankreich und Belgien. Die Verarbeitung der Zutaten basiert jedoch auf zwei verschiedenen, überlieferten Rezepten. Und so wird auch der eine dieser beiden Gins in der → Pot Still »Jenny« und der andere in der »Angela« genannten → Brennblase destilliert. Diese zwei unterschiedlichen Destillate werden schließlich in einem festgelegten, bewährten Verhältnis zum *Bankes* gemischt bzw. geblended.

VERKOSTUNG

Ein frischer Gin mit sanften Zitrus-Obertönen und würzigen Fruchtnoten. Wurzeln von Angelika und Veilchen bringen nebst Zimtrinde ein erdiges Aroma ein, Süßholz (Lakritze) und Muskat runden das Bouquet der Aromen fein ab; im Abgang trumpfen die Zitrusnoten noch einmal kräftig auf. Pur ist der *Bankes* ob mit oder ohne Eis eine interessante Probe, als Mixzutat ist er viele Versuche wert.

Lantenhammers Destillateurmeister
Tobias Maier beim Verkosten seines
Bavarka Bavarian Gin.

46,0 %

Bavarka Bavarian Gin

Markeneigner

Bavarian Distillers GmbH
Josef-Lantenhammer-Platz 1
83734 Hausham

Produktionsstätte

Destillerie Lantenhammer GmbH
Adresse siehe Markeneigner
www.lantenhammer.de

Ursprungsjahr der Marke

2014

WISSENSWERTES

Seit 1928 stellt die Familie Lantenhammer-Stetter Spirituosen her. Der alte Brennerei-Standort in Schliersee wurde 2015 aufgegeben, seither wird in der Erlebnisdestillerie Lantenhammer in Hausham produziert, in der laut Anton Stetter »modernsten Destillerie Europas«. Neben den hoch geschätzten Obstbränden wartet dieses Haus auch mit einem Bavarka Vodka und dem *Bavarka Gin* auf. Es gibt eine Verbindung zwischen diesen beiden Bavarka-Produkten: Der »ältere Bruder« Vodka ist auch das Grunddestillat, in dem die Wacholderbeeren und anderen Botanicals (erneut) zu Gin destilliert werden.

HERSTELLUNG

Dieser Gin fuße auf einem alten Rezept, heißt es in der Destillerie, vermutlich auf einem des Gründers für einen Wacholderschnaps, das zeitgemäß abgeändert wurde. Zu den prägenden Zutaten gehören auch einige Botanicals, die woanders nicht allzu häufig eingesetzt werden, wie zum Beispiel Aroniabeeren, Hopfen und Fenchelsamen. Die Wacholderbeeren werden zwei Wochen in den aus Kartoffeln erzeugten (!) Vodka eingelegt und anschließend mit den anderen Botanicals destilliert. Die geschmacksgebenden Zutaten werden nicht – wie von einigen Herstellern praktiziert – in einem Sieb in die → Brennblase gehängt und somit vom Alkoholdampf durchzogen, sondern in die Flüssigkeit gegeben. Das aromatisierte, fertige Destillat reift anschließend zur Harmonisierung noch ein Jahr in Behältern aus Steingut.

VERKOSTUNG

Kräftige Wacholdernote in der Nase, ergänzt durch Blüten- und Zitrustöne. Am Gaumen tritt dieser Gin mit seinen 46 Volumenprozent Alkohol recht kräftig, fast scharf auf, wobei sich der Wacholder eindeutig in den Vordergrund drängt, allerdings von den Zitrusnoten gut unterstützt wird; blumige Töne schwingen im Mund nur hintergründig mit. Pur, aber mit Eis, ist der *Bavarka* etwas weniger »scharf«, und in Verbindung mit Tonic Water zeigt er sich von seiner besten Seite.

47,0%

Beefeater London Dry Gin

Markeneigner

Pernod Ricard SA
12, place des Etats-Unis
75783 Paris Cedex-16, Frankreich
www.pernod-ricard.com

Produktionsstätte

Beefeater Gin Distillery
20 Montfort Pl
London SE 11 5DE
www.beefeaterdistillery.com

Ursprungsjahr der Marke

1876

WISSENSWERTES

James Borrough, ein Londoner Apotheker, begann 1863 mit dem Herstellen von Gin. Diesen Gin brachte er im Laufe der Jahre in verschiedenen Versionen auf den Markt. Einen 1876 kreierten Gin benannte er nach den Wächtern der Towers, die der Volksmund als »Beefeater« bezeichnet. Die Marke, deren Rezept nie geändert wurde, gilt heute zu Recht als einer der wenigen Klassiker auf dem kaum noch überschaubaren Weltmarkt der Gins. Sie wird nach wie vor in London hergestellt, und der verantwortliche Master Distiller ist Desmond Payne, der fast fünf Jahrzehnte Erfahrung als Brenner hat. *Beefeater* ist eine der meistverkauften Gin-Marken weltweit und steht als eine von insgesamt nur fünf Marken dieser Gattung auf der Liste der »Top 100 Premium Spirit Brands Worldwide«.

HERSTELLUNG

Wie die meisten traditionellen Marken kommt auch diese mit vergleichsweise wenigen Botanicals aus. Neben dem Wacholder sind das beim *Beefeater London Dry Gin* Angelikawurzeln und -samen, Bitterorangen, Iriswurzel, Koriander, Lakritz (Süßholz), Mandeln und Zitronen. Zu diesen neun Zutaten kommen bei der Variante *Beefeater 24* noch Grapefruit, Grüner chinesischer Tee sowie japanischer Sencha Tee hinzu, während der erst 2013 kreierte *Beefeater Borrough's Reserve* mit den gleichen neun Botanicals auskommt wie das Ur-Modell. Für alle drei Varianten werden die Zutaten 24 Stunden in Getreidedestillat mazeriert und anschließend destilliert. Der *Beefeater London Dry* wird unmittelbar danach auf die Trinkstärke von 47 % gebracht und abgefüllt.

VERKOSTUNG

Frischer, reiner und klarer Gin mit deutlichem Zitrus-Frucht-Duft; der Geschmack ist eine gelungene Balance zwischen der Hauptnote Wacholderbeeren, Zitrus- und Fruchtaromen, Koriander und der erdigen Angelikawurzel. Dank seiner Vielschichtigkeit ist der *Beefeater* mit einer ganzen Reihe weiterer Zutaten kombinierbar, aber auch pur lohnend.

Master Distiller Desmond Payne mit der Mischung aus China- und Japan-Tee für den Beefeater 24.

Diese Marke gibt es außerdem noch als:

Beefeater 24 London Dry Gin
(seit 1999), mit drei weiteren Botanicals, 45,0 %, sowie
Beefeater Borrough's Reserve
(seit 2013), in Lillet-Eichenfässern gelagert, 43,0 %.

Joanne Moore ist als Master Distiller bei G&J auch für den Gin Berkeley Square *verantwortlich.*

46,0 %

Berkeley Square

Markeneigner

Quintessential Brands Group
Adresse siehe Produktionsstätte
www.quintessentialbrands.com

Produktionsstätte

G&J Distillers
Melbury Park Clayton Road
Warrington Cheshire WA3 6PH
www.gjdistillers.com

Ursprungsjahr der Marke

1761

WISSENSWERTES

Berkeley Square ist eine von mehreren Gin-Marken, die im Auftrag der jeweiligen Markeneigner in der 1760 von Thomas Dakin gegründeten und 1860 an die Familie Greenall verkauften Brennerei hergestellt werden. Die aktuelle G&J Distillery wurde 2008 in Warrington/Cheshire errichtet.

HERSTELLUNG

Berkeley Square entsteht nach der ungewöhnlichen »Bouquet Garni«-Methode: Die handverlesenen Botanicals, darunter auch die Kräuter Basilikum und Salbei, werden in Baumwoll-Musselin gepackt und in diesem Stoff in dreifach destilliertem Trinkalkohol »gebadet«, sodass sich die Aromen der Zutaten mit diesem Alkohol zu einer harmonischen Einheit verbinden.

VERKOSTUNG

Ein klarer, heller Gin, der in der Nase mit einem reichen Kräuteraroma besticht und auch mit erdigen Noten sowie einem Kalk-Zitrus-Duft. Am Gaumen zeigt sich der *Berkeley Square* geschmeidig, ist von erdigem Charakter mit deutlichem Wacholderaroma, das abgerundet wird von Basilikumtönen und vollem, süßem Limettenaroma; im mittellangen Abgang taucht zudem noch eine Pfeffernote auf.

DEUTSCHLAND

Black Forest Dry Gin

Markeneigner

Destillerie Kammer-Kirsch
Hardtstraße 35–37
76185 Karlsruhe
www.kammer-kirsch.de

Produktionsstätte

siehe Markeneigner

Ursprungsjahr der Marke

2014

WISSENSWERTES

Die Destillerie Kammer-Kirsch entstand aus der ehemaligen Lehr- und Versuchsbrennerei des Landes Baden und produzierte bereits ab den 1950ern neben heimischen Obstbränden auch einen Kammer Dry Gin. Dieser wurde bis weit in die 7oer hinein hergestellt, geriet dann aber in Vergessenheit. Als anlässlich des 100-jährigen Bestehens im Jahr 2012 alte Unterlagen gesichtet wurden, fand sich auch das vermeintlich verloren gegangene Rezept für jenen Kammer Dry Gin wieder, wurde – behutsam – überarbeitet und führte schließlich 2014 zur neuen Version, die den Namen *Black Forest* bekam, weil die Produkte der Brennerei in den USA schon seit 1935 unter dem Slogan »The Spirit of the Black Forest« (Der Geist des Schwarzwalds) vermarktet werden.

HERSTELLUNG

Das Besondere an diesem Gin ist, dass jede einzelne Zutat – darunter auch »Schwarzwald-typische« Botanicals wie Moosbeeren oder Tannensprossen – separat destilliert wird. Die einzelnen Destillate werden nach genau festgelegtem Rezept »vermählt«. Die Mischung reift dann noch so lange in Tongefäßen, bis sich ihre einzelnen Bestandteile, die verschiedenen Destillate, zur harmonischen Einheit verbunden haben.

VERKOSTUNG

Eine erfrischende Zitronennote ist perfekt eingebunden in den Duft der Wacholderbeeren, was sich sowohl in der Nase als auch am Gaumen zeigt. Im Mund läuft dann ein finessenreiches Spiel von harzigen Waldaromen, frischen Fruchtnuancen (Zitrus!) und dezent floralen Akzenten ab. Da keine Einzelkomponente im Übermaß auftritt, darf diesem Gin eine sehr gute Balance attestiert werden. Der elegante Abgang ist von angenehmer und nachhaltiger Milde.

Der ursprüngliche Dry Gin von Kammer-Kirsch (Flaschen links) wurde erst 2014 »wiederbelebt«.

40,0 %

Bloom London Dry Gin

Markeneigner

Quintessential Brands Group
Adresse siehe Produktionsstätte
www.quintessentialbrands.com

Produktionsstätte

G&J Distillers
Melbury Park Clayton Road
Warrington Cheshire WA3 6PH
www.gjdistillers.com

Ursprungsjahr der Marke

1761

WISSENSWERTES

Alphabetisch der zweite Gin von Quintessential Brands
aus deren G&J Distillery (siehe *Berkeley*), die auf eine lange
Erfahrung in der Destillation dieser Spirituosengattung
zurückblicken kann.

HERSTELLUNG

Die (nur) sieben pflanzlichen Zutaten, unter anderem Kamille
und Geißblatt, ruhen zunächst einmal zusammen mit Trinkalkohol und demineralisiertem Wasser im traditionellen
kupfernen Brennkessel. Wenn die Botanicals aufgeweicht sind
und sich ihre Aromen im Alkohol-Wasser-Gemisch entfaltet
haben, wird die → Pot Still langsam per Dampf erhitzt. Mit
dem (zuerst aufsteigenden) Alkoholdampf gelangen auch die
Aromen der Zutaten nach oben, wo dieser Dampf zu einem
Konzentrat kondensiert wird, dessen → Mittellauf nach Herabsetzen auf Trinkstärke den Gin ergibt.

VERKOSTUNG

Ein leichter, blumiger Gin, der in der Nase mit einem fast
traditionell zu nennenden »Parfüm« nebst dezenten erdigen
Aromen auftritt; im Duft lassen sich Kamille, Geißblatt
und Pomelo identifizieren. Am Gaumen ist der *Bloom* leicht
süß und angenehm weich – für manchen Geschmack vielleicht
sogar etwas zu weich. Das *Bloom*-finish ist geschmeidig
und sehr mild mit gut wahrnehmbaren Zitrusnoten.

Auch der Bloom Gin *wird von G&J*
Distillers noch in der traditionellen
kupfernen Pot Still gebrannt.

ÖSTERREICH

Blue Gin

Markeneigner

Blue Gin Handels GmbH
Zum Kirchdorfergut 1
4062 Axberg
www.reisetbauer.at

Produktionsstätte

Reisetbauer Qualitätsbrand GmbH
Adresse siehe Markeneigner

Ursprungsjahr der Marke

2006

WISSENSWERTES

Der Landwirt, Forstwirt und Maschinenbauer Hans Reisetbauer legte 1990 auf dem Kirchdorfergut in Axberg einen Apfel-
garten an und begann mit dem Brennen, zunächst nur für
den Hausgebrauch. Vier Jahre später ließ er an diesem Ort eine
Brennerei nach seinen Vorstellungen errichten. Als er dann
im Jahr 2012 eine neue Brennerei in Betrieb nahm, hätte er
diese vermutlich mit allen Auszeichnungen tapezieren können,
die er in der Zwischenzeit für sein Wirken und seine Produkte
erhalten hatte. Zwar spielen Obstbrände nach wie vor die
Hauptrolle bei Reisetbauer, aber er hatte schon 2006 als Erster
in Österreich auch einen Gin herausgebracht, den *Blue Gin*.
Außerdem ist Hans Reisetbauer, Mitglied der exklusiven
Gruppe »Quinta Essentia«, mit einem eigenen Single Malt
Whisky erfolgreich.

HERSTELLUNG

Die heimische Weizensorte Mulan wird in kleinen kupfernen
→ Brennblasen mit 300 Liter Volumen zuerst zu Roh- (40 %)
und dann zu → Feinbrand (84 %) destilliert. Die Wacholderbeeren stammen aus der jeweils letzten Ernte und werden
im frischen Zustand verwendet. Zu den insgesamt gut zwei
Dutzend Botanicals aus mehr als zehn Ländern, die für diesen
Gin mazeriert werden, gehören unter anderem Angelikawurzel,
Koriandersamen, Kurkuma, Süßholzwurzeln und Zitronen-
zesten. Das Destillat wird mit regionalem Quellwasser auf
43 % Trinkstärke herabgesetzt und vor dem Abfüllen noch
gefiltert.

VERKOSTUNG

Kräftige Wacholdernote in der Nase, die von dezentem Zitrusduft etwas »aufgefrischt« wird; auf der Zunge wirkt dieser
Gin angenehm weich, wenngleich mit vollem Wacholderaroma, in dem sich nach und nach Angelikawurzel, Anis und
die Aromen von Beeren und Zitrusfrüchten bemerkbar
machen.

Hans Reisetbauer, ein weit über
Österreich hinaus bekannter Brenner,
in seiner Destillerie in Axberg.

Bombay Gin *wird in der – besuchens-*
werten – »Laverstoke Mill« Distillery
in Whitchurch hergestellt.

Diese Marke gibt es außerdem
noch als:
Bombay Sapphire East *mit Zitronen-*
gras und schwarzem Pfeffer als
weiteren Botanicals, 42,5 %, sowie
Star of Bombay *mit Ambrettasamen*
und Bergamottezesten als weiteren
Botanicals, 47,5 %.

Bombay Sapphire

40,0/ 47,0 %

Markeneigner

Bacardi & Company Ltd
65 Pitts Bay Road
Pembroke, HM 08, Bermudas
www.bacardilimited.com

Produktionsstätte

Bombay Sapphire Distillery
»Laverstoke Mill«, London Road
Whitchurch, Hampshire
www.distillery.bombay
sapphire.com

Ursprungsjahr der Marke

1959

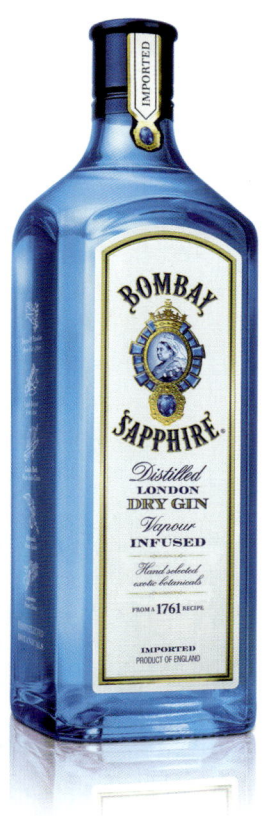

WISSENSWERTES

Der *Bombay Sapphire* fuße auf einem Rezept von Thomas Dakin aus dem Jahr 1761, behauptet der Markeneigner Bacardi. Dakins Brennerei war 1870 an Edward Greenall verkauft worden, doch es dauerte noch mehr als 120 Jahre, bis Dakins ursprüngliches Rezept »wiederbelebt« wurde: Allan Subin – 1959 von seiner Frau dazu inspiriert, einen »echten englischen Gin für den US-Markt« zu kreieren – wurde auf die renommierten Gins der G&J Distillery (Greenall's) aufmerksam und stieß auf das alte Rezept. Er überarbeitete es und stellte zunächst den *Bombay Original* her. Dem fügte er 1987 noch Kubebenpfeffer und Paradieskörner hinzu und brachte ihn als *Bombay Sapphire London Dry Gin* auf den Markt; zusätzlich zu diesem wurden in der zweiten Dekade der 2000er-Jahre die Versionen *Bombay Sapphire East* und *Star of Bombay* entwickelt.

HERSTELLUNG

Ein Destillat aus schottischem Getreide ist Basis dieses Gins. Neben Wacholderbeeren aus Italien tragen Angelika, Bittermandeln, Cassia, Iriswurzeln, Koriander, Kubebenpfeffer, Süßholz (Lakritz), Paradieskörner und Zitronenschalen zum Aroma bei. Die zehn Zutaten werden nicht direkt in den erneut zu destillierenden Basisalkohol gegeben, sondern in einen »Korb« aus Kupfer, der in der → Pot Still über der Flüssigkeit befestigt und bei der Destillation nur vom Alkoholdampf durchzogen wird; diese Dampfinfusion führt die Aromen der Botanicals schonend in das Enddestillat über.

VERKOSTUNG

Die 40-prozentige Version (die mit 47 % ist im Lebensmitteleinzelhandel nur schwer zu bekommen) ist im Duft außerordentlich komplex. Obwohl der Wacholder in der Nase dominiert, lassen sich auch Koriander- und Zitrusnoten wahrnehmen; am Gaumen ist diese Version mild, weich und »cremig«, kommt allerdings nicht so komplex an wie in der Nase; das Wacholderaroma ist beim Schmecken eher verhalten, gefolgt von fruchtigen Noten.

Boodles London Dry

40,0%

Markeneigner

Proximo Spirits UK
80 Coleman Street
London EC2R 5B

Produktionsstätte

G&J Distillers
Melbury Park Clayton Road
Warrington Cheshire WA3 6PH
www.gjdistillers.com

Ursprungsjahr der Marke

1845

WISSENSWERTES

Dieser Gin kommt aus der Brennerei der G&J Distillers, die 1760 von Thomas Dakin gegründet und im 19. Jahrhundert von der Familie Greenall zunächst gepachtet und dann gekauft wurde. Daher steckt in diesem wie auch in jedem anderen Gin aus dieser Traditionsbrennerei eine Menge Erfahrung. Der *Boodles* wurde nach dem im Jahre 1762 vom Earl of Shelburne, dem späteren Premierminister, gegründeten legendären Londoner »Boodle's Gentlemen's Club« benannt.

HERSTELLUNG

Es wird auf Bewährtes gesetzt, sei das nun ein »Grundrezept« oder das Herstellungsverfahren. So wird zum Beispiel in einer → Carter Head Still (auch Carterhead geschrieben) destilliert, einem → Brennblasentyp, von dem nur noch sehr wenige in Gebrauch sind. Bei den pflanzlichen Zutaten, von denen Muskatnuss, Rosmarin und Salbei tragende Rollen spielen, wird darauf geachtet, dass diese möglichst umweltschonend angebaut wurden. Bemerkenswert an diesem »klassisch britischen« Gin ist, dass er im Gegensatz zur absoluten Mehrheit dieses Typs keine Zitrusschalen enthält.

VERKOSTUNG

Schon die Nase signalisiert Klassik: Wacholderduft hat sich mit dem von Nadelgewächsen gemischt, ein Hauch von Pfeffer rundet das Ganze ab; im Mund lässt der Wacholder anderen Botanicals jedoch den Vortritt, allen voran Salbei und Rosmarin; eine weiche süße Note vollendet diesen Gin, der durch eine cremige Textur und ein warmes, weiches und dennoch frisches Aroma besticht.

Diese Marke gibt es außerdem noch
als **Boudier Sloe Gin,** *einer auf*
Gin-Basis mit Schlehen angesetzten
Likörvariante mit 30,0 %.

FRANKREICH

Boudier Saffron Gin

Markeneigner

Gabriel Boudier
14 rue de Cluj, BP 57444
21074 Dijon
www.boudier.com

Produktionsstätte

siehe Markeneigner

Ursprungsjahr der Marke

2008

Gabriel Boudier in Dijon wurde zwar vor allem mit Likören bekannt, brilliert aber auch mit dem Gin.

WISSENSWERTES

Das Rezept für diesen außergewöhnlichen französischen (!) Gin soll irgendwann in den Annalen der kolonialen Vergangenheit Frankreichs entdeckt worden sein. Die im Jahr 1874 gegründete Brennerei Gabriel Boudier in Dijon setzte dieses alte Rezept zeitgemäß in die Praxis um und brachte mit dieser Neuheit buchstäblich frischen Wind in das Sortiment des Traditionshauses, das bis dahin allein auf vielerlei Liköre spezialisiert gewesen und damit höchst erfolgreich war – und noch immer ist.

HERSTELLUNG

Nicht die Herstellungsmethode ist das Besondere an diesem – laut Erzeuger – »mit viel Handarbeit in traditionellen → Pot Stills hergestellten« Gin. Es sind zwei der Botanicals, die hier aus dem Rahmen des Üblichen fallen: Zum einen ist das der würzige Fenchel, der geschmacksprägend ist, zum anderen der namensgebende Safran, englisch *Saffron*. Der ist mit einem Preis – je nach seiner Herkunft und davon abhängiger Qualität – von bis zu 25 Euro je Gramm (!) das wohl teuerste Gewürz der Welt; es besteht aus den getrockneten, »Fäden« genannten Griffeln, von denen jede Blüte des *Crocus sativus* drei bis sechs enthält. Safran bringt einen angenehmen, wenngleich kaum wahrnehmbaren Duft ein, vor allem aber Farbe ins Spiel, in diesem Fall ein helles Orange.

VERKOSTUNG

Schon in der Nase drängt sich der Fenchel vor, er wird allerdings begleitet von floralen Elementen nebst dezenten Zitrusnoten. Der Wacholder ist auch am Gaumen der »Verlierer«, abgedrängt vom Fenchel, von Blüten und Zitrusfrüchten und einer ausgeprägten Süße; dieser Gin ist zwar sehr vollmundig, von einem komplexen Geschmack kann freilich nur bedingt die Rede sein. Dennoch: höchst interessant!

SCHWEIZ

Breil Pur

Markeneigner

Beat Sidler und Gustav Inglin
Breil Pur SA
7165 Breil/Brigels
www.breilpur.ch

Produktionsstätte

Destillaria Candinas
7173 Surrein
www.destillaria.ch

Ursprungsjahr der Marke

2013

Erfolg mit Gin in Bioqualität: die beiden Quereinsteiger Gustav Inglin (links) und Beat Sidler.

WISSENSWERTES

Beat Sidler und Gustav Inglin, zuvor Führungskräfte in der Konsumgüter- bzw. in der Finanzindustrie, hatten sich ein hehres Ziel gesetzt: unter dem Markennamen Breil Pur ausgewählte Lebensmittel von höchster Qualität zu schaffen. Mit Gin fingen sie an und wurden dabei unterstützt von Dr. David Clutton, einem namhaften Gin-Experten aus England. Das kreative Trio entwickelte in dem rätoromanischen Bergdorf Breil/Brigels, dem Zweitwohnsitz der beiden Schweizer Partner, einen rein biologischen Gin aus typisch schweizerischen Rohstoffen. Auch für die Produktion fanden sie den idealen Partner: Gion Candinas destilliert schon in sechster Generation auf seinem Bio-Suisse-zertifizierten Bauernhof Destillaria Candinas im nahen Surrein. Der Markenname *Breil Pur* ist eine Kombination aus dem rätoromanischen Namen des Bergdorfes Brigels in der bündnerischen Surselva und dem Wort *Pur*, das allgemein mit »rein, klar« assoziiert wird, im Rätoromanischen aber ganz einfach für »Bauer« steht.

HERSTELLUNG

Das genaue Rezept ist natürlich geheim, aber die Klassifizierung als »London Dry Gin« lässt Rückschlüsse auf das Herstellungsverfahren zu. Das Rückgrat dieses rein biologischen Gins sind die handgepflückten Biozutaten Schweizer Herkunft: Alpenwacholder, Alpenrosen und Schokoladenminze werden mit weiteren Botanicals, hochwertigem Alkohol aus Bioweizen sowie weichem Quellwasser aus den Bündner Bergen verarbeitet.

VERKOSTUNG

Vielschichtiger, aber ausgewogener Duft mit fruchtigem Aroma, deutlicher Wacholdernote und einem frischen Bouquet von Minze, Zitrone und Orange; im Mund explodiert geradezu eine beeindruckende Mischung aus Wacholder, blumiger Frische und komplexen Gewürznoten, legt sich cremig auf den Gaumen und trumpft in einem lang anhaltenden Abgang noch einmal auf.

BREIL PUR

ei dat nuot meglier

LONDON DRY GIN

Made from hand-picked, organic botanicals such as
Swiss Alpine Juniper, Alpine Rose and Chocolate Mint.

700 ml   45 % vol

Diese Marke gibt es außerdem
noch als:

Breil Pur Old Tom Gin Honey, *die*
(erste) mit Honig gesüßte Schweizer
Variante, 45,0 %, sowie **Breil Pur Sloe**
Gin, *monatelang mit wild gewachse-*
nen Schlehen mazeriert, 29,0 %.

40,0%

Brockmans

Markeneigner

Brockmans Gin Ltd
40 Queen Anne Street
London W1G 9EL
www.brockmansgin.com

Produktionsstätte

The Langley Distillery
Crosswells Road
Oldbury B68 8HA

Ursprungsjahr der Marke

2008

WISSENSWERTES

Vier Freunde mit einschlägigen Kenntnissen wollten »einen anderen Gin« schaffen, einen intensiven und zugleich milden. Zu dem Quartett der Entwickler gehörte auch Neil Everitt, ehemaliger CEO der Stock Spirits Group. Mit der Umsetzung des Rezeptes in die Praxis wurde die von der Alcohols Ltd geführte Langley Distillery in Oldbury beauftragt, die traditionell auf Gin aller Art spezialisiert ist.

HERSTELLUNG

Ein zugekaufter Neutralalkohol aus Getreide ist die Basis, in der insgesamt elf Botanicals 24 Stunden lang mazeriert werden. Neben dem obligatorischen Wacholder – der für diesen Gin aus der Toscana stammt – gehören dazu »gängige« Zutaten wie etwa Angelikawurzeln, Koriander sowie Schalen von Orangen und anderen Zitrusfrüchten. Das Besondere am Brockmans sind allerdings die Blaubeeren und die Brombeeren, die getrocknet mazeriert werden und ihm eine spezielle »beerenstarke« Note geben.

VERKOSTUNG

Im Duft kommt der Wacholder nur schwach zur Geltung, dafür treten Blaubeeren und Brombeeren hervor, zudem lassen sich die Noten von Bitterorangen und Koriander aufspüren. Auch im intensiven und doch milden Geschmack sind die Beeren deutlich zu erkennen, werden aber apart abgerundet durch das komplexe Bouquet aus den Aromen der übrigen Botanicals, wobei Bitterorangen und Koriander intensiver auftreten als im Duft. Fazit: ein »untypischer«, da fruchtbetonter London Dry Gin oder eben – wie es ja geplant war – ein »anderer Gin«, der unbedingt auch pur genossen werden sollte.

Ein guter Gin wie Brockmans ist es allemal wert, auch pur probiert (und genossen) zu werden ...

Broker's London Dry

Markeneigner

McCormick Distilling Co.
1 McCormick Lane
Weston/Missouri, USA
www.mccormickdistilling.com

Produktionsstätte

Broker's Gin Ltd
Dial House, Govett Avenue
Shepperton Surrey TW17 8AG
www.brokersgin.com

Ursprungsjahr der Marke

1998

WISSENSWERTES

Wenn ein namhaftes Unternehmen aus den USA die Rechte an einem relativ jungen Gin aus England erwirbt, muss schon etwas dran sein an dieser Marke. Nun, *Broker's London Dry* wurde unlängst von McCormick übernommen, einem der großen Hersteller und Anbieter von Spirituosen in den USA. Die Marke war von den Brüdern Martin und Andy Dawson (die mittlerweile aus der Werbung als die zwei »Gentlemen« bekannt sind) 1998 kreiert worden und wird seither in einer damals schon gut 200 Jahre bestehenden Brennerei auf klassische Weise hergestellt. *Broker's London Dry* gilt als einer der besten Gins überhaupt, er wurde in den letzten zehn Jahren mit mehr Auszeichnungen bedacht als jeder andere Gin. Übrigens: Der »Gentleman« auf dem Etikett mit Bowler (Hut) und Schirm in der Hand soll einen *Broker* (Aktienhändler) in Englands früheren Zeiten darstellen.

HERSTELLUNG

Der Basisalkohol wird laut Importeur aus englischem Weizen destilliert – und zwar vierfach und in → Pot Stills. In diesen Alkohol werden zehn Botanicals 24 Stunden eingelegt: Wacholderbeeren aus Mazedonien, Engelwurz aus Polen, Koriander aus Bulgarien, Süßholz aus Italien, Muskatnuss aus Indien, Orangen- sowie Zitronenschalen aus Spanien, die Wurzeln von Florentiner Schwertlilien aus Italien, Zimt von den Seychellen und Zimtkassie (Cassia) aus Indonesien. Das → Mazerat oder die Mazerate daraus werden dann ein fünftes Mal destilliert.

VERKOSTUNG

Fruchtige Noten dominieren in der Nase und drängen den Wacholder in den Hintergrund; im Mund kommt dieser Gin sehr weich an – und überraschend süß, das Aroma von kandierten (!) Zitrusfrüchten verbindet sich zwar mit dem von Wacholder und Kräutern, herrscht jedoch eindeutig vor. Im Abgang zeigt sich der *Broker's London Dry* – der nicht wirklich trocken (engl. *dry*) in Sinne von »nicht süß« ist – weich und warm und lässt noch eine leichte Pfeffernote spüren.

Die »Gentlemen mit Hut«
Martin und Andy Dawson
stehen für den von ihnen
kreierten Broker's Gin.

Bulldog London Dry

Markeneigner

Anshuman Vohra
c/o Bulldog Gin Company
594 Broadway, Suite 201
New York, NY 10012, USA
www.bulldoggin.com

Produktionsstätte

G&J Greenall Distillery
Melbury Park, Clayton Road
Warrington WA3 6PH
www.gjdistillers.com

Ursprungsjahr der Marke

2007

Diese Botanicals aus aller Welt geben dem Bulldog Gin *sein unverwechselbares Aroma.*

WISSENSWERTES

Anshuman Vohra war Investmentbanker, bevor er sich ganz seiner Leidenschaft widmete: Gin. Diese Spirituose hatte er auf vielen Reisen mit seinem Vater, einem Diplomaten, schätzen gelernt. Doch er wollte auf diesem Gebiet etwas Neues schaffen, etwas Außergewöhnliches. So besorgte er sich eine Reihe zum Teil exotischer Pflanzen und experimentierte mit Hilfe des Master Distillers der G&J Greenall Distillery. Ergebnis der Experimente war der *Bulldog London Dry Gin*. Der Markenname ist eine Anspielung auf den berühmten britischen Staatsmann Sir Winston Leonard Spencer-Churchill (1874–1965), der manche seiner Zeitgenossen offenbar an die berühmte Hunderasse denken ließ und folglich zu dem wenig schmeichelhaften Beinamen »The British Bulldog« kam.

HERSTELLUNG

Grundlage für den Alkohol ist Weizen aus der englischen Grafschaft Norfolk. Dieser wird nach dem Vergären dreifach destilliert. In dieses alkoholische Fundament wird eine penibel dosierte Mischung aus einem Dutzend Botanicals gegeben: Zwar geben auch klassische, häufig verwendete Zutaten wie Angelikawurzel, Koriander, Mandeln, Süßholz und Zitronen ihre Aromen an den *Bulldog* ab, doch es sind die »Exoten« Dragon Eye sowie Lotusblätter aus China, Lavendel aus Frankreich und schließlich noch Mohnsamen aus der Türkei, die – laut Hersteller – diesen Gin prägen. Der mit den Botanicals angereicherte Getreidealkohol wird ein viertes Mal destilliert, dann auf die Trinkstärke von 40 % herabgesetzt und in die markante Flasche abgefüllt.

VERKOSTUNG

Die Nase nimmt zunächst frische Zitrusnoten wahr, dann relativ schwach den Wacholder und zuletzt noch aparte Pfeffertöne. Am Gaumen kommt der *Bulldog* nicht etwa »bissig« an, sondern weich und mild. Im Geschmack tritt der Wacholder zuerst auf, gefolgt von blumigen Aromen. Alles in allem ein ausgewogener Gin, in dem keine einzelne Zutat wirklich allzu sehr hervortritt.

41,8 %

Caorunn

Markeneigner

International Beverages
Holdings Ltd
Moffat Distillery, Airdrie
Lanarkshire, ML6 8PL
www.interbevgroup.com

Produktionsstätte

Balmenach Distillery
Balmenach Rd, Cromdale
Grantown-on-Spey, PH26 3PF

Ursprungsjahr der Marke

2009

Die »Berry Chamber« genannte Destillieranlage in der Balmenach Distillery für die Produktion von Caorunn Gin.

WISSENSWERTES

Die schottische Region Speyside ist berühmt als Herkunftsgebiet der meisten Malt-Whisky-Marken, die zudem – im Allgemeinen – auch als die besten dieser Untergattung eingestuft werden. Weshalb also die Malt-Whisky-Destillerie Balmenach auch Gin produziert, bleibt wohl ein Rätsel. Klar ist hingegen, was die dort Verantwortlichen auf den Namen »Caorunn« (ausgesprochen als *ka-ruun*) brachte: Das ist die gälische Bezeichnung für die Vogelbeere. Und eben diese ist eine von den fünf »traditionellen keltischen Zutaten«, die den *Caorunn* aus dem Rahmen des Gewohnten heben.

HERSTELLUNG

Der Hinweis »Small Batch« besagt, dass dieser Gin nur in kleinen Chargen (hier: jeweils 1000 Liter) hergestellt wird. Er zählt zu der Sorte »London Dry«, was auch bedeutet, dass die Botanicals destilliert werden müssen. Die Zutaten sind in diesem Fall neben »klassischen« Botanicals wie Wacholder und Koriander vor allem typisch schottische, wie die namensgebende Vogelbeere, Gagelstrauch, Heidekraut, Löwenzahn und Äpfel der Sorte »Coul Blash«. Der spezielle Brennkessel »Berry Chamber« hat vier vertikal angeordnete Fächer, auf denen die Botanicals ausgelegt werden. Das insgesamt viermal gebrannte Weizendestillat durchzieht die pflanzlichen Zutaten und bringt auf diese Weise deren Aromen in den Gin ein, der schließlich mit einem Alkoholgehalt von exakt 41,8 % abgefüllt wird.

VERKOSTUNG

Sehr mild und frisch in der Nase, wo Blüten, Zitrusnoten und Wacholder perfekt harmonieren; am Gaumen mit einer dezenten und daher angenehmen Schärfe, weich und trocken; das Aroma des Wacholders wird im Mund unterstützt von erdigen Tönen sowie einer feinen Pfeffernote, und durch erfrischende Zitrusaromen abgerundet. Erfrischend wirkt dieser Gin auch noch im langen Abgang.

44,0%

Citadelle

Markeneigner

Cognac Ferrand
24 Chemin des Prés
16130 Ars
www.cognacferrand.com

Produktionsstätte

siehe Markeneigner

Ursprungsjahr der Marke

1998

*In der Domaine de Bonbonnet wartet
nicht nur formidabler Cognac,
sondern auch ein famoser Gin.*

WISSENSWERTES

Dünkirchen, französisch *Dunkerque,* an der südlichen Nordsee-
küste, war früher der erste Hafen für Schiffe, die aus dem
Osten zurückkehrten und allerlei Exotisches geladen hatten.
Die Fülle an aromatischen Gewürzen und Kräutern brachte die
seinerzeit berühmten Brenner Carpeau und Stival 1775 auf die
Idee, in der »Citadelle«, der ältesten eingetragenen Brennerei
Frankreichs, einen mit besonders vielen Gewürzen angerei-
cherten Wacholderschnaps herzustellen. Das damalige Rezept
fanden Mitarbeiter des Hauses Cognac Ferrand bei Nachfor-
schungen in eben jener »Citadelle« und setzten es wieder in
die Praxis um – mehr als 220 Jahre nach seiner Erfindung.

HERSTELLUNG

Die Basis für den *Citadelle* ist dreifach destillierter Weizen
aus der Picardie. Zu den insgesamt 19 Botanicals, die für fünf
bis sieben Tage in überdimensionalen Teebeuteln in diesem
Alkohol ziehen, zählen auch ansonsten eher selten eingesetzte
Zutaten wie beispielsweise Bohnenkraut und Sternanis aus
Frankreich, Kreuzkümmel aus den Niederlanden, Kubeben-
pfeffer von der Insel Java und Paradieskörner aus Westafrika.
Dieses → Mazerat wird ein viertes Mal im klassischen
→ Alambic destilliert.

VERKOSTUNG

Die Nase wähnt sich im Garten: Frische Blumen, Jasmin,
Geißblatt und Zitrusfrüchte vereinen sich zu einem duftenden
Bouquet. Am Gaumen tritt dieser Gin elegant auf, ist geschmeidig und ausgewogen, aromatisch mit komplexen Noten von
Wacholder, Kräutern und Gewürzen, die durch blumige Töne
brillant ergänzt werden. Der Abgang ist ebenso frisch wie
intensiv.

44,0%

DEUTSCHLAND

clockers

Markeneigner

clockers GmbH
Paul-Roosen-Straße 27
22767 Hamburg
www.clockers.hamburg

Produktionsstätte

Augustus Rex
Klotzscher Hauptstr. 24
01109 Dresden

Ursprungsjahr der Marke

2013

WISSENSWERTES

Das Rezept für diesen Gin entstand in der »clockers Bar«
im Hamburger Stadtteil St. Pauli. Ziel der Entwicklung war ein
New Western Dry Gin, der sowohl pur Genuss bietet als auch
perfekt mit Tonic Water harmoniert und sich zudem in Cocktails durchsetzen kann, ohne allzu aufdringlich zu schmecken.

HERSTELLUNG

Prägende Botanicals sind neben dem Wacholder (der hier
allerdings keine Hauptrolle spielt) Enzian und Grapefruit,
Ingwer und Koriander, Limetten, Zitronenschalen und
Zitronenmelisse. Jede Zutat wird separat mazeriert und dann
ebenfalls jeweils separat destilliert. Die Mischung aus den
verschiedenen Einzeldestillaten ruht acht bis zehn Wochen,
um die richtige »Aromen-Balance« zu bekommen.

VERKOSTUNG

Intensiver Zitrusduft, durchsetzt mit floralen Noten, Wa-
cholder- und Himbeeraromen; am Gaumen entfaltet sich ein
breites Geschmacksspektrum, in dem zunächst Zitrusfrische
auftreten, angereichert durch das Aroma von Mandarinen-
schalen, eleganten Wacholdernoten und Beeren. Im Finish
kommen noch die Gewürze Nelken und Zimt durch und
ein »bonbonsüßes« Bananenaroma.

In der »clockers Bar« in Hamburg-St. Pauli wurde 2012 das Rezept für den clockers Gin entwickelt.

In der Cotswolds Distillery werden außer Gin weitere Spirituosen erzeugt, vor allem Malt Whisky.

Cotswolds Dry Gin

Markeneigner

The Cotswold Distilling Company
Whichford Road, Stourton
Shipston-on-Stour,
Warwickshire CV36 5HG
www.cotswoldsdistillery.com

Produktionsstätte

Cotswolds Distillery
Adresse siehe Markeneigner

Ursprungsjahr der Marke

2014

WISSENSWERTES

Das ist erneut ein gelungenes Beispiel dafür, wie eine neue, auf
Malt Whisky spezialisierte Brennerei die Zeit überbrückt, bis
sie ihre Destillate als Whisky verkaufen kann. In der 2014
gegründeten Cotswolds Distillery entschieden sich die Verantwortlichen dafür, das mit einem Gin zu tun. Die Entscheidung
war richtig: Bei der »World Gin Awards 2016« wurde der
Cotswolds zum »Best London Dry Gin« gekürt.

HERSTELLUNG

Neutralen Getreidealkohol mit 96,3 % bezieht die Cotswold
Distilling Company von den Haymans Distillers in Essex.
In diesem Alkohol werden zunächst Wacholderbeeren, Koriandersamen und Angelikawurzeln für 15 Stunden mazeriert,
danach werden die restlichen sechs pflanzlichen Zutaten
beigegeben: Lavendel, Lorbeerblätter, frische Pink-Grapefruit-
und Zitronenschalen, Kardamom und schwarze Pfefferkörner.
Die Mischung aus Alkohol, → Mazerat und diesen sechs weiteren Zutaten wird in einer → Pot Still mit 500 Liter Fassungsvermögen langsam (!) destilliert, der → Mittellauf fällt dabei
(absichtlich) sehr kurz aus. Das Destillat hat dann fünf Tage
Ruhezeit, damit sich seine Aromen zur harmonischen Einheit
verbinden können. Da einige der *Cotswolds*-Zutaten essenzielle
Öle enthalten, der Hersteller aber bewusst auf eine abschlie-
ßende Kältefiltrierung verzichtet (um die Aromen dieser Öle zu
erhalten), wird dieser Gin trüb, wenn er gekühlt wird. Das ist
allerdings kein Manko, sondern vielmehr ein Hinweis auf
ein Mehr an (verbliebenen) Aromen.

VERKOSTUNG

In der Nase zunächst ein Dreiklang aus Grapefruit, Wacholder
und Pfeffer, gefolgt vom Duft des Lavendels, zu dem sich
nach und nach noch verschiedene Kräuternoten gesellen.
Auch am Gaumen macht sich zuerst der Wacholder mit dezent
harzig-bitterer Note bemerkbar; er wird begleitet von einer
sauer-süßlichen Zitrusnote – dann drängt sich der Pfeffer
vehement nach vorne, gefolgt von einem Hauch Lavendel.

44,0%

Doornkaat German Dry Gin

Markeneigner

Berentzen-Gruppe AG
Ritterstraße 7
49740 Haselünne
www.berentzen-gruppe.de

Produktionsstätte

Doornkaat AG
Im Horst 1
26506 Norden

Ursprungsjahr der Marke

2014

WISSENSWERTES

Vor rund 200 Jahren stellte das damalige Familienunternehmen Doornkaat in Norden erstmals einen »Korn-Genever«
her. Auf diesem traditionellen Genever fußt der heutige
Doornkaat German Dry Gin.

HERSTELLUNG

Die Basis ist ein dreifach destillierter Getreidebrand, der aber
nicht aus eigener Herstellung stammt, sondern zugekauft wird.
Als einzige prägende Botanicals nennt der Erzeuger Wacholder
und Zitrone, aber offensichtlich geben auch Angelikawurzel,
Koriander und Lavendel Aromen an das Destillat ab.

VERKOSTUNG

Blumiger Duft, in dem eine Wacholdernote und Zitrustöne
deutlich erkennbar sind; der vollmundige Doornkaat wirkt
mild, frisch und etwas süß am Gaumen, mit einigen erdigen
und blumigen Noten.

Diese Marke gibt es außerdem
noch als:

Eden Mill Love Gin, *eine pinkfarbene*
Version u. a. mit Rosenblüten,
Hibiskus und Beeren, 42,0 %, sowie
Eden Mill Oak Gin, *im Ex-Bourbon-*
Fass langsam gereift und mit langem,
reichem Abgang, 42,0 %.

46,0 %

Eden Mill

Markeneigner

St. Andrews Brewers Ltd
Main Street
St. Andrews, KY16 0US
www.edenmill.com

Produktionsstätte

Eden Mill Distillery
Adresse siehe Markeneigner

Ursprungsjahr der Marke

2014

Brauerei, Whisky- und Gin-Brennerei:
Eden Mill im Städtchen St. Andrews,
Heimat des Golfsports.

WISSENSWERTES

Die Eden Mill Distillery ging 2012 als Eden Brewery in Betrieb
und stellte zunächst nichts anderes her als Bier. Die Brauer
wollten den Hopfen auch einmal für eine Spirituose verwenden,
hatten aber nicht die nötige Einrichtung zum Brennen und
mussten ihre Rezepte folglich in der Strathearn Distillery er-
proben. Nachdem die Eden Brewery 2014 in eine (Malt-Whisky-)
Brennerei umgewandelt worden war, brachte diese zunächst die
finale Version ihres von Hopfen (engl. *hop*) geprägten Gins auf
den Markt; diesem folgten weitere Varianten. Abgefüllt wurde
der *Eden Mill Gin* schließlich in Keramikflaschen, die eigentlich
für ein fassgereiftes Spezialbier bestimmt gewesen waren.

HERSTELLUNG

Der in der → Pot Still als Dampf aufsteigende Alkohol durchzieht die Botanicals, die in einem »botanical basket« in die
→ Brennblase eingebracht und für jede Version individuell
zusammengestellt sind. Nur der »Vorreiter« *Hop Gin* wird mit
einem Alkoholgehalt von 46 % abgefüllt, die vier nach diesem
auf den Markt gebrachten Versionen durchwegs mit 42 %.
Einer einzigen Sorte lässt sich übrigens das Gin-Quintett von
Eden Mill nicht zuordnen: Der *Original* fällt in die Kategorie
»London Dry«, der *Love* kann als »New Age« klassifiziert
werden, und der *Oak* ist ein »Barrel Aged Gin«. Hingegen lässt
sich weder der *Hop Gin* noch der *Golf Gin* als typisch für eine
bestimmte Kategorie bezeichnen.

VERKOSTUNG

Der (australische) Hopfen macht sich, wenngleich nur leicht,
schon in der Nase bemerkbar und wird abgerundet durch
die Aromen von Koriander, Blüten, tropischen Früchten und –
ganz im Hintergrund – Wacholder. Die vom Hopfen einge-
brachte, sehr erfrischende Bitternote ist perfekt ausbalanciert
mit den Geschmacksnoten frischer Aprikosen und Zitrusfrüchte; der anfangs leicht bittersüße Geschmack wandelt sich
auf der Zunge nach und nach in immer klarere Süße – ein
herrlich vollmundiger Gin!

45,0 %

Elephant London Dry

Markeneigner

Robin & Tessa Gerlach
Semperstraße 57
22303 Hamburg
www.elephant-gin.com

Produktionsstätte

Elephant Gin Ltd
Gut Schwechow
19230 Pritzier,
Mecklenburg-Vorpommern

Ursprungsjahr der Marke

2013

Das Team, das auf Gut Schwechow –
unweit vom Firmensitz Hamburg – den
Elephant Gin herstellt.

WISSENSWERTES

Der *Elephant Gin* entsprang der Passion der Gründer Tessa und Robin Gerlach für den afrikanischen Kontinent. Besonders die vielfältige Flora in Kenia und Südafrika hatte es den beiden Interessierten angetan, und so legten sie eine lange Liste von Kräutern an, die sie für geeignet hielten, einen Gin zu würzen. Eine Reihe von Botanicals mussten sie allerdings wieder streichen, weil diese als zu bitter empfunden wurden oder in einigen europäischen Ländern gar nicht verwendet werden dürfen. Nach der ersten Auslese wurde gut ein Jahr lang experimentiert: Riechen – Einlegen – Trocknen – Kochen – und immer wieder: Probieren! Schließlich wurden noch Wacholder und frische Äpfel in den Reigen der Botanicals aufgenommen, und die Herstellung konnte ihren Lauf nehmen.

HERSTELLUNG

Der *Elephant* gehört zu der Sorte »London Dry Gin«, was bedeutet, dass die Botanicals – ob zuvor mazeriert oder nicht – erneut destilliert werden müssen. Einschließlich des Wacholders, der je nach Jahreszeit und Ernte aus Mazedonien, Ungarn oder Italien (Toskana) bezogen wird, sind es vierzehn Botanicals, die den *Elephant* mehr oder weniger stark prägen. Besonders zu erwähnen sind – neben frischen Äpfeln aus Deutschland – natürlich die afrikanischen Zutaten wie Baobab, Buchu und Teufelskralle sowie das »magische Kraut« Löwenschwanz und afrikanischer Wermut. Der zugekaufte Basisalkohol wurde aus Weizen gewonnen, die endgültige Destillation verläuft langsam und daher (aroma-)schonend.

VERKOSTUNG

In der Nase drängt sich der Wacholder zunächst vor, wird aber schnell eingeholt von Kräutern, Blüten und Früchten. Der Geschmack ist äußerst komplex, der Wacholder wird von einer dezenten Süße und Fruchtigkeit am Gaumen etwas abgedrängt, was insgesamt ein angenehm würziges Bouquet ergibt.

Diese Marke gibt es außerdem
noch als:
Elephant Sloe Gin, *eine seit 2015*
mit frischen Schlehen hergestellte
Likörvariante, 35,0 %.

USA

Farmer's Botanical

Markeneigner

Chatham Imports
245 Fifth Avenue, Suite 1402
New York, NY 10016
www.chathamimports.com

Produktionsstätte

United States Distilled Products
1607 12th Street South
Princeton, MN 55371
www.usdp.com

Ursprungsjahr der Marke

2010

WISSENSWERTES

Als die Firma United States Distilled Products, kurz USDP, 1981 gegründet wurde, setzte man sich dort das Ziel, regionale Brände in bester Qualität herzustellen. »Mache jedes Produkt so, als wäre es ein Geschenk für deinen besten Freund«, wie es einer der Verantwortlichen formulierte. Mit diesem Gin ist den Brennern im Städtchen Princeton im US-Bundesstaat Minnesota jedenfalls ein großer Wurf gelungen: Bei der »Ultimate Spirits Challenge 2016« gab es dafür 95 von 100 Punkten.

HERSTELLUNG

Nachhaltig bewirtschaftetes Getreide bildet das alkoholische Fundament dieses Gins, der wohl in die Kategorie »New Style« einzuordnen ist. Dieser sehr reine Alkohol wird infundiert mit Essenzen von ausgewählten Zutaten, die alle als biologisch einzustufen sind. Zu den Botanicals zählen neben Wacholder auch Angelikawurzeln, Holunderblüten, Koriander und Zitronengras. Der durch das US-Landwirtschaftsministerium (USDA) biozertifizierte, zu Ehren der Landwirte *Farmer's* genannte Gin wird nur in kleinen Chargen hergestellt, daher der Zusatz *Small Batch*.

VERKOSTUNG

Feiner, harmonischer Duft, geprägt von floralen Noten und Zitrustönen; weich und trocken im Mund, wo sich der Wacholder mit Holunderblüten, Zitronengras und einem Hauch von Pfeffer zu einer sehr harmonischen, aromatischen und blumig geprägten Einheit verbündet. Superb für einen Martini!

44,0 %

Ferdinand's Saar Dry Gin

Markeneigner

Capulet & Montague
Karcherstraße 22
66111 Saarbrücken
www.saar-gin.de

Produktionsstätte

Avadis Distillery
Zum Wetterbrunnen 1–3
54457 Wincheringen
www.avadisdistillery.de

Ursprungsjahr der Marke

2013

WISSENSWERTES

Ferdinand Geltz war königlich-preußischer Forstmeister und Mitgründer des VDP Mosel-Saar-Ruwer. Warum wurde ein Gin nach diesem Ferdinand benannt? Anders gefragt: Was hat dieser Gin mit dem Verband der Prädikatsweingüter eines deutschen Anbaugebiets zu tun? Nun, der nach jenem Forstmeister benannte Gin enthält als »special botanical« Rieslingtrauben! Und die kommen aus dem Weingut Zilliken, das von entfernten Nachfahren jenes Ferdinand Geltz geleitet wird.

HERSTELLUNG

Der aus Getreide destillierte → Rohbrand wird mit insgesamt 30 Botanicals durch Dampfinfusion und → Mazeration angereichert und dann (erneut) destilliert. Nach einer Ruhepause von vier Wochen wird dieser außergewöhnliche Gin dann abgefüllt. Es ist nicht nur die große Anzahl seiner nicht komplett preisgegebenen pflanzlichen Zutaten, die ihn zu etwas Außergewöhnlichem machen, sondern mehr noch deren Auswahl: Neben Klassikern wie Wacholder, Koriander und Engelwurz tragen Hagebutten, Schlehen und Quitten, Lavendel und Rosen, Hopfenblüten, Mandelschalen und Zitronenthymian zum komplexen Aroma bei, das von handgelesenen Saar-Rieslingtrauben köstlich abgerundet wird.

VERKOSTUNG

Schon das Nosing ist eine Safari durch den Dschungel der Düfte: Wacholder ist allzeit präsent, doch ständig kommt anderes dazu: Blüten- und Beerendüfte, eine feine Pfeffernote und ein Hauch Muskat, vielerlei Früchte, die sich schwerlich auseinanderhalten lassen ... Im Mund hält dieser Gin, was er in der Nase versprochen hat: komplexe Würze, aus der (endlich) auch die Rieslingtrauben hervortreten. Frucht dominiert den Geschmack, dezente Säure macht sich bemerkbar; im langen, kräftigen Abgang trumpft der Wacholder noch einmal auf, begleitet von Zitrustönen und leichter, blumiger Süße.

Brenner in der Avadis Distillery beim Befüllen der → Brennblase mit den zahlreichen Botanicals.

Die 1880 von Karel Lodewijk Filliers
gegründete Brennerei in der
belgischen Provinz Ostflandern.

46,0 %

Filliers

Markeneigner

Filliers Distillery
Leernsesteenweg 3
9800 Deinze
www.filliers.be

Produktionsstätte

siehe Markeneigner

Ursprungsjahr der Marke

1928/2012

WISSENSWERTES

Gin ist bekanntlich ein Abkömmling des niederländischen Genevers. Und mit diesem befasste sich die belgische Familie Filliers schon Ende des 18. Jahrhunderts: Karel Fillier begann im Jahr 1792 auf dem Hof der Familie mit dem Brennen von Genever. Aus dem Nebenerwerb wurde ein Gewerbe, als anno 1880 auf dem Hof eine Dampfmaschine und weitere Geräte in Betrieb genommen wurden, die ein professionelles Destillieren möglich machten. Es war dann schließlich die dritte Generation, die zum Genever auch einen Gin kreierte: Firmin Filliers (1888–1965) hatte das von ihm entwickelte Rezept im Jahr 1928 erstmals in die Praxis umgesetzt – aber erst 2012 wurde dieser Gin »wiederbelebt«.

HERSTELLUNG

Dass die *Classic*-Version des Filliers den Zusatz *28* auf dem Etikett trägt, hat seinen guten Grund: Es sind 28 Botanicals, die diesen Ur-Gin des Hauses prägen. Zu diesen Aromagebern zählt Gängiges wie Wacholder, Engelwurz, Piment und frische Orangen, aber auch eher selten Verwendetes wie das »Bier-Doppel« Hopfen und Malz oder duftiger Lavendel. Der Basis-alkohol entspricht dem für Genever und Whisky, und daraus wird im Verbund mit den zahlreichen Botanicals in einer → Pot-Still-Anlage mit 300 Liter Volumen der *Filliers Gin* gebrannt, von dem es aktuell vier Versionen gibt.

VERKOSTUNG

Ein buntes Duftbouquet aus Früchten, Kräutern, Gewürzen und Blumen, aus dem der Wacholder ein wenig herausragt; am Gaumen tritt dieses Pflichtgewürz dann kräftiger auf, begleitet von den Aromen frischer Zitrusfrüchte, die einen Hauch von Säure einbringen, sowie von Wurzeln und von belgischem Hopfen, die gemeinsam mit einer angenehm sanften Bitternote den Geschmack abrunden.

Finsbury

37,5 %

Markeneigner

Borco-Marken Import
Matthiesen GmbH & Co. KG
Winsbergring 12–22
22525 Hamburg, Deutschland
www.borco.com

Produktionsstätte

The Finsbury Distilling Co. Ltd
The St Botolph Building 138
Houndsditch, London EC3A 7AE

Ursprungsjahr der Marke

1740

Rückblick in die 1960er-Jahre:
Ted Dewing misst den Alkoholgehalt
mit dem Sikes Hygrometer.

WISSENSWERTES

Im Jahr 1740, das der Markeneigner als Ursprungsjahr dieses
Gins angibt, gründete Joseph Bishop in London seine Brennerei, in der von Anfang an ein von ihm kreierter Gin erzeugt
wurde. Die Brennerei blieb im Besitz der Gründerfamilie, die
das Rezept von Generation zu Generation weitergab. Schließlich aber wurde das Familienunternehmen Finsbury 1993 von
dem deutschen Familienunternehmen Borco-Marken-Import
übernommen; es blieb also weiterhin im Besitz einer – wenngleich anderen – Familie.

HERSTELLUNG

Das Rezept bleibt natürlich »streng geheim« und als prägende
Botanicals werden nur »ausgesuchte Wacholderbeeren und
Zitronenschalen, exotische Früchte und viele weitere erlesene
Kräuter und Gewürze« preisgegeben. Die Basis ist selbst
erzeugter Getreidealkohol, destilliert wird in → Pot Stills,
also im heute nicht mehr allzu häufig angewandten → diskontinuierlichen Verfahren.

VERKOSTUNG

Ein reiner, klarer Gin, der bei der Riechprobe wenig Wacholderduft und dezente Zitrusnoten preisgibt; im Geschmack zeigt
sich der Wacholder deutlicher und wird zudem umspielt von
zarten Aromen, die von verschiedenen Kräutern und Gewürzen
eingebracht wurden. Etwas mehr als dieses Minimum an
Alkohol (37,5 %) würde den Botanicals vermutlich zu einem
besseren Auftritt verhelfen. Kurz und gut: ein relativ milder,
preislich günstiger Gin, der vor allem in Mixgetränken auf-
trumpfen kann.

Diese Marke gibt es außerdem
noch als:

Finsbury 47 Platinum, *eine sechsfach
destillierte Premiumversion des
Klassikers mit 47 %.*

Ein harmonisches Duo: Friedrichs Dry
Gin *und* Thomas Henry Tonic Water
passen zusammen.

Friedrichs Dry Gin

45,0 %

Markeneigner

Schwarze und Schlichte
Markenvertrieb GmbH & Co. KG
Paulsburg 1–3
59302 Oelde
www.schwarze-schlichte.de

Produktionsstätte

Friedrich Schwarze GmbH
Gin- und Wacholderbrennerei
Steinhagen
Brockhagener Straße 40–42
33803 Steinhagen/Westfalen
www.friedrichs-gin.de

Ursprungsjahr der Marke

2015

WISSENSWERTES

Mit Wacholderbränden hat dieser Hersteller reichlich Erfahrung, schließlich werden am Firmensitz im westfälischen Steinhagen diese Beeren schon seit 1766 in feine Schnäpse umgewandelt – der *Original Schlichte Steinhäger* und der *Schwarze Nacholder* sind so traditionsreiche wie renommierte Beispiele. Seit 2015 wird mit der Erfahrung aus fast zweieinhalb Jahrhunderten in der Steinhäger-Brennerei auch ein Gin erzeugt und damit eine Brücke geschlagen zwischen Tradition (Wacholder) und Trend (Gin).

HERSTELLUNG

Ein Dutzend ausgesuchter Botanicals wird in Getreidealkohol mazeriert, darunter Sternanis, Schalen von Curaçao-Orangen, Süßholzwurzeln, Orangen-, Jasmin- und Lavendelblüten sowie – als wirkliche Besonderheit – Apfelstückchen. Der mit diesen Zutaten aromatisch angereicherte Getreidealkohol wird für eine weitere Destillation mit dem für einen Steinhäger unerlässlichen → Wacholderlutter zusammengebracht. Das ist ein aus zerquetschten, mittels Hefe vergorenen Wacholderbeeren erzeugtes reines Wacholderdestillat. Die beiden Destillate werden zusammen erneut destilliert – zum Gin.

VERKOSTUNG

Trotz seiner 45 % ein nur mild alkoholischer Gin mit ausgeprägter Wacholder- und Kräuternote bereits in der Nase; am Gaumen trocken, aromatisch und blumig, Wacholder dominiert auch im Mund, etwas Koriander rundet ihn ab, Äpfel und Rosmarin unterstreichen die charakteristische Wacholdernote.

$G = in^3$

Markeneigner

Edelobstbrennerei
Gebr. J. & M. Ziegler GmbH
Hauptstraße 26
97896 Freudenberg
www.brennerei-ziegler.de

Produktionsstätte

siehe Markeneigner

Ursprungsjahr der Marke

2015

Die Edelobstbrennerei Ziegler in
Freudenberg brennt nicht nur Obst,
sondern auch Gin und Whisky.

WISSENSWERTES

Was kommt dabei heraus, wenn drei ambitionierte Destillateure einer traditionsreichen Obstbrennerei – die zudem auch noch mit einem Malt Whisky Furore macht – mit einem Barkeeper zusammensitzen, der auch Destillateur ist? Richtig, ein neuer Gin. Die Idee dazu kam in der Bar »Shakes and Beer« in Wertheim auf, in der eines Nachts die Ziegler-Destillateure Pascal Marré, Max Kirchner und Paul Maier mit dem Barkeeper Marius Hoh zusammensaßen. Aus der Idee wurden Experimente, es folgten Marktanalysen und zahllose Diskussionen mit Freunden und Kollegen. Dank weiterer Unterstützung durch den Münchner Barkeeper Andreas Till wurde die Theorie schließlich in die Praxis umgesetzt: Genau im Jahr des 150-jährigen Bestehens der Brennerei Ziegler kam ihr Gin auf den Markt – mit der etwas skurril anmutenden Bezeichnung $G = in^3$, die nichts anderes meint als (ausgesprochen) »Tschin Dry«.

HERSTELLUNG

Die bis auf Wacholder und Ingwer geheim gehaltenen Botanicals werden in Agrarsprit mazeriert und anschließend langsam und schonend destilliert. Näheres bleibt das Geheimnis der Beteiligten.

VERKOSTUNG

Wacholder drängt sich in der Nase nach vorne, gefolgt von Zitrusfrüchten, Koriander und Blüten. Im Mund entfaltet sich eine beinahe cremig zu nennende Fülle, in der wieder der Wacholder dominiert, dabei aber von kräftigen Zitrusaromen und einem Hauch von »Sonstigem« unterstützt wird, das sich aber kaum im Einzelnen identifizieren lässt. Tipp: einmal ohne und einmal mit Eis probieren!

MADE IN
GERMANY

G=in³

[ʤɪn dʀaɪ̯]

Ziegler
seit 1865
FREUDENBERG

DISTILLED
DRY GIN

700 ml | 45 % vol

Generous

44,0%

Markeneigner

Odevie S.A.S.

12, rue Robinière

16110 La Rochefoucauld

Produktionsstätte

siehe Markeneigner

Ursprungsjahr der Marke

2015

*Etwas Farbe mittels Dekoration
peppt im Glas jeden Gin auf – auch
den Generous aus Frankreich.*

WISSENSWERTES

Man mag es ja kaum glauben, aber tatsächlich wurde dieser
Gin in der Cognac-Heimat Charente – unweit der namens-
gebenden Stadt Cognac – entwickelt. Hinter dem aus regionalem Wein erzeugten einheimischen Cognac braucht sich der
»Wacholder-Fremdling« allerdings nicht zu verstecken. Dafür
sorgt zum einen seine hohe Qualität und zum anderen das
so aufwendige wie auffällige Flaschendesign.

HERSTELLUNG

Das Fundament ist Neutralalkohol, destilliert aus einer
speziellen Getreidemischung. Die Botanicals, zu denen neben
dem obligatorischen Wacholder unter anderem graue Pfefferkörner, Holunderbeeren, Limetten und Schalen von weiteren Zitrusfrüchten gehören, werden mazeriert, danach in
kleinen → Pot Stills destilliert und schließlich auf eine Trinkstärke von 44 Volumenprozent herabgesetzt.

VERKOSTUNG

Ein gut ausgeglichener, eleganter, überraschend weicher und
aromatischer Gin, der in der Nase mit frischen und floralen
Noten beeindruckt und am Gaumen vollmundig mit einem
ebenso komplexen wie harmonischen Geschmack auftritt:
weich und doch intensiv, mit einer fruchtigen Süße, die
das »klassische Gin-Aroma« nicht etwa verdrängt, sondern
geradezu perfekt unterstreicht.

45,0 %

Gentle 66

Markeneigner

Birkenhof Brennerei GmbH
Auf dem Birkenhof
57647 Nistertal
www.birkenhof-brennerei.de

Produktionsstätte

siehe Markeneigner

Ursprungsjahr der Marke

2012

WISSENSWERTES

Für die in siebter Generation (die achte steht auch schon bereit) betriebene Birkenhof Brennerei ist das Mazerieren und Destillieren von Wacholder nichts Neues. Die Idee zu diesem Gin reifte in der Geschäftsführerin und Sommelière Steffi Klöckner, ihrem Mann Peter, der als Destillateurmeister und Geschäftsführer in der Brennerei verantwortlich ist, und dem Destillateur Lars Baethke, als das Trio – im Rahmen einer Weiterbildung für Kräuterexperten – das auf Gewürze spezialisierte Unternehmen »Pfeffersack & Söhne« besuchte. Und weil der Birkenhof Brennerei kurz zuvor ein gebrauchtes Grand-Marnier-Fass offeriert worden war, in dem eigentlich der Birkenhof-Whisky reifen sollte, wurde die Idee erweitert: Der geplante Gin sollte in diesem Fass gelagert werden! Das erste an den Birkenhof gelieferte Ex-Grand-Marnier-Fass war das mit der Nummer 66 gewesen – so bot es sich an, dem darin gereiften, sanften (engl. *gentle*) Gin den Namen *Gentle 66* zu geben.

HERSTELLUNG

Die Wacholderbeeren werden auf eine spezielle Weise so eingeweicht, dass ihnen die Gerbsäure und die harzigen Noten entzogen werden, und dann destilliert. Dieses Wacholderdestillat reift mehrere Monate in einem Grand-Marnier-Fass und wird anschließend mit dem Alkohol aus den einzeln destillierten Botanicals gemäß der Rezeptur »gewürzt«. Dabei sind die Hersteller aber so flexibel, dass sie Schwankungen, die sich aus der Fasslagerung ergeben, ausgleichen können, etwa durch Zugabe von Kumquatdestillat.

VERKOSTUNG

Frische, fruchtige Noten steigen vom Probierglas in die Nase – aber nicht allein: Der Geruch des vom Orangenlikör getränkten Fassholzes gesellt sich ebenso dazu wie herbe Wacholdernoten und der Duft harziger Tannennadeln. Schon das Riechen ist ein Erlebnis. Das Schmecken nicht minder: Mild geht der *Gentle* über die Lippen, weich bahnt er sich den Weg über die Zunge. Unaufdringlich macht sich eine frische, leichte Note am Gaumen breit, danach wird ein kräftiges Wacholder-Pfeffer-Aroma wahrgenommen. Nur eine dezent süße Orangenlikörnote, aber keine Spur von der eher ausgeprägten Süße, die man einiger Botanicals wegen vielleicht erwartet hätte; stattdessen ein trockenes, »rundes« Echo am Gaumen und ein kräftig-herber, lang anhaltender Abgang.

Die Birkenhof Brennerei in Nistertal im Westerwald bietet auch Besichtigungen und Verkostungen an.

37,5 %

Gibson's

Markeneigner

La Martiniquaise
18 Rue de L'Entrepôt
94220 Charenton-le-Pont,
Frankreich

Produktionsstätte

England (keine näheren Angaben)

Ursprungsjahr der Marke

keine Angabe

WISSENSWERTES

Die französische Gruppe La Martiniquaise wurde 1934 gegründet und hat inzwischen weltweit 27 Niederlassungen und 24 Produktionsstätten. In einer in England gelegenen Produktionsstätte, die leider nicht genau benannt wird (unklar sind Destilleriename und genauer Standort) wird der *Gibson's Gin* hergestellt, der bereits mehrfach ausgezeichnet wurde und weltweit in der Gastronomie zu finden ist.

HERSTELLUNG

Der Basisalkohol wird aus Getreide per Mehrfachdestillation selbst erzeugt. Von den Botanicals werden nur Wacholder, Engelwurz und Koriander erwähnt. Auch zur Herstellung gibt es keine näheren Informationen, sondern lediglich den Hinweis auf die Kategorie »London Dry Gin«.

VERKOSTUNG

Ein Duft, der auf die Nase wirkt wie ein Nadelwald nach starkem Regen; die etwas harzige Note des Wacholders ist ebenso zu riechen wie typische Backgewürze und dezente Zitrusnoten; im Mund ist zunächst der Wacholder vorne, dann sind Koriander und Zimt und auch das Aroma von frischem, süßem Gebäck auszumachen; die cremig-butterige Textur dieses Gins wirkt noch im Abgang nach.

Gilpin's

47,0 %

Markeneigner

Matthew Gilpin
Westmorland Spirits Ltd
497A Battersea Park
London SW11
www.gilpinsgin.com

Produktionsstätte

Thames Distillers Ltd
Timbermill Way, Gauden Road
London SW4 6LY
www.thamesdistillers.co.uk

Ursprungsjahr der Marke

2012

WISSENSWERTES

Gilpin? Zumindest den geschichtsbewussten Engländern fällt dazu ein, dass es ein Sir Richard »the Rider« de Gilpin – dem Namen nach ein normannischer Ritter – gewesen sein soll, der im Jahre 1208 jenen wilden Eber erlegte, der die ganze Region Westmorland in Angst und Schrecken versetzt hatte. Für diese mutige Tat wurde der Gilpin-Familie ein Eber als Wappentier zugesprochen. Der Eber ist denn auch auf dem Etikett des (Westmorland-)Gins abgebildet, den die Nachfahren jenes tapferen Jägers als Eigentümer der Marke seit 2012 von den renommierten Thames Distillers herstellen lassen.

HERSTELLUNG

Es sind nur acht pflanzliche Zutaten, die diesem Gin sein typisches Aroma geben: Wacholder und die fast omnipräsente Angelikawurzel, dazu Bitterorangen, Borretsch, Koriander, Salbei, Limetten- und Zitronenschalen. Die Zutaten werden in vierfach destilliertem Alkohol eingeweicht und noch einmal destilliert, wenn die Aromen der Botanicals in die alkoholische Basis übergegangen sind.

VERKOSTUNG

Eine »spritzige« Wacholdernote schon in der Nase, unterlegt mit Salbei- und Zitrustönen; leicht und frisch auch auf der Zunge, wo sich die verschiedenen Aromen zu einem harmonischen und einzigartig trockenen Gesamtbild zusammenfügen. Fazit: berauschendes Aroma und »warmer« Geschmack!

Einige Botanicals eignen sich
vorzüglich dazu, einen Gin wie den
Gilpin's apart zu garnieren.

Die → Pot Still (vorne rechts) und
die Brennkolonne (Säule), in der Gilt
Single Malt Scottish Gin destilliert
wird.

40,0 %

Gilt

Markeneigner

Strathleven Distillers Company
Paisley, PA1 1UT
www.strathlevendistillers.com

Produktionsstätte

siehe Markeneigner

Ursprungsjahr der Marke

2006

WISSENSWERTES

Die Schotten können nur Whisky? Stimmt nicht! Das beweisen unter anderem auch die Brenner in der am Loch Lomond gelegenen Strathleven Distillery, die aus Gerstenmalz nicht nur einen Malt Whisky erzeugen, sondern auch einen Vodka – und den *Gilt Single Malt Scottish Gin*.

HERSTELLUNG

Die Basis ist – natürlich – nur → gemälzte Gerste. Destilliert wird sowohl in einer klassischen → Pot Still als auch → kontinuierlich in einer Brennsäule (→ Column Still) mit 15 Böden (*bubble plates*), sodass der Gin schließlich als fünffach destilliert bezeichnet werden kann. Zu den prägenden Botanicals zählen u. a. Engelwurz, Koriander, Kardamom, Süßholz sowie Orangen- und Zitronenschalen. Eine Filtrierung bei –15 Grad Celsius (Kältefiltrationsverfahren) schließt den Herstellungsprozess ab.

VERKOSTUNG

Fruchtig-blumig in der Nase, wobei der Wacholder dezent dominiert, auch Anklänge von Getreide – das Malz! – und Vanillenoten sind wahrnehmbar; am Gaumen zunächst die trocken-herbe Note des Wacholders, verstärkt durch Koriander, der eine feine Süße von Malz, Süßholz und einem Hauch von Vanille gegenübersteht; fruchtige Einflüsse verbinden diese zwei »Gegensätze« zu einem wirklich perfekt ausbalancierten Aroma von beeindruckender Tiefe; der Abgang ist köstlich zitrusfrisch.

44,0%

Gin⁺

ÖSTERREICH

Markeneigner

Dipl. Ing. Dr. Carmen
Hermann-Krauss
Graden 13
8541 Schwanberg
www.destillerie-krauss.at

Produktionsstätte

Adresse siehe Markeneigner

Ursprungsjahr der Marke

2014

WISSENSWERTES

Was machen Abgesandte einer steirischen Brennerei in San Francisco? Sie holen einen Preis ab und lassen sich für ihren Gin loben! So geschehen zum Beispiel 2015, als bei der »San Francisco World Spirits Competition« der damals noch sehr junge Gin⁺ der Feinbrennerei Krauss als einer von nur zehn unter insgesamt 121 eingereichten Gins mit einer Doppel-Goldmedaille ausgezeichnet wurde.

HERSTELLUNG

In dem (zugekauften) Ethylalkohol aus Weizen werden die Botanicals über mehrere Wochen mazeriert. Wacholder, Zitronen, Lavendel »und ein paar weitere Geheimnisse« geben in dieser Zeit ihre Aromen an den Alkohol ab, dieses → Mazerat wird anschließend zu einem *London Dry Gin* destilliert.

VERKOSTUNG

Ein sehr intensiver, geradezu wuchtiger Geruch mit grandioser Wacholdernote, anregender Frische und hintergründigen blumigen Tönen; im Geschmack ist dieser Gin mild und erfrischend, deutlich geprägt vom Wacholder und auch spürbar von Zitrusfrüchten; insgesamt ist er am Gaumen überaus harmonisch, kompakt und von erfreulich anhaltender Länge.

Diese Anlage in der Feindestillerie Krauss erzeugt den ersten London Dry Gin *der Steiermark.*

43,0%

Gin 27

Markeneigner

Appenzeller Alpenbitter AG
Weißbadstraße 27
9050 Appenzell
www.appenzeller-alpenbitter.ch

Produktionsstätte

siehe Markeneigner

Ursprungsjahr der Marke

2013

Die drei bekannten Schweizer Barkeeper Peter Roth, Christian Heiss und Markus Blattner waren an der Entwicklung des Gin 27 beteiligt.

WISSENSWERTES

Mit dem Ausbau seiner Spirituosenhandlung legte Emil Ebneter anno 1902 den Grundstein für die heutige Appenzeller Alpenbitter AG, die auch jetzt noch ein reiner Familienbetrieb ist und in ihrem Verwaltungsrat von der dritten und vierten Generation vertreten wird. Im Firmennamen wird zwar das Produkt *Alpenbitter* hervorgehoben, aber produziert wird ein breites Sortiment verschiedener Spirituosen, zu dem seit 2013 auch ein Gin gehört. In diesen sind das Wissen, die Erfahrungen sowie die sensorischen Talente der drei bekannten und hoch geschätzen Barkeeper Peter Roth, Christian Heiss und Markus Blattner eingeflossen: Mit dem Probieren und Beurteilen der Neuheit in verschiedenen Phasen hat das Trio das »Fine Tuning« unterstützt und den Geschmack des *Gin 27* wesentlich beeinflusst.

HERSTELLUNG

Der Alkohol für diese Marke der Sorte *Dry Gin* wird aus Weizen gewonnen. Für das individuelle Aroma sorgen neben Wacholder unter anderem die Schalen von Zitronen und süßen Orangen nebst Angelika- und Veilchenwurzeln, Süßholz, Koriander, Kardamom, Piment, Muskat und Zimt.

VERKOSTUNG

Die Nase nimmt eine kräftige Wacholdernote auf, die um zarte Blütentöne ergänzt wird. Insgesamt ist der Duft eine gelungene Melange aus Wacholder, Indisch-Asiatisch und Zitrusnoten; am Gaumen sind Pfeffer, Kardamon, Muskat, Zimt, Zitrusschalen und Wacholder erkennbar, und im – langen – Abgang tritt der *Gin 27* elegant, komplex und angenehm würzig auf.

Gin 82

Markeneigner

Brauerei Falken AG
Brauereistraße 1
8201 Schaffhausen
www.falken.ch

Produktionsstätte

Brennerei Gemeinde Büsingen
Buchthalerstraße 4
8238 Büsingen
www.vonow.ch

Ursprungsjahr der Marke

2015

Rechte Seite: Gin 82 verträgt sich bestens mit dem Gents Swiss Roots Tonic Water, Kumquats und Pfefferkörnern.

WISSENSWERTES

Die 1799 gegründete Brauerei Falken in Schaffhausen ist heute mit mehr als 50 Mitarbeitern und einer Tagesproduktion von rund 46 000 Liter Bier der fünftgrößte Brauereibetrieb in der Schweiz. Neben seinem Stammprodukt Bier vertreibt das Unternehmen aber auch Spirituosen – zum Teil eigene, die im Auftrag und nach Vorgaben der Brauerei extern hergestellt werden wie z. B. der *Gin 82*.

HERSTELLUNG

Nach dem Rezept der Brauerei Falken produziert die Brennerei der Gemeinde Büsingen einen klassischen Dry Gin auf der Basis von zugekauftem Ethanol aus Getreide. In diesem wird eine »auserlesene Gewürzmischung« (Wacholder, Koriander, Zitrusschalen – mehr verrät der Hersteller dazu leider nicht) mazeriert und anschließend »behutsam« destilliert. Dem Mittelauf (Herzstück) des Destillats werden weder Aromen zugefügt noch wird es mit (weiterem) Alkohol versetzt. Mit extrem reinem Schweizer Bergwasser wird es abschließend auf die Trinkstärke von 46 % gebracht.

VERKOSTUNG

Intensiver Wacholderduft: würzig, etwas harzig, pfeffrig und »grün«, dazu weiche, warme Zitrusnoten und Blüten, die schwer zu identifizieren sind: Lavendel? Kamille? Am Gaumen trumpft auch wieder der Wacholder auf und bringt »Pfeffer« ein, der umspielt wird von Zitrustönen und blumigen Aromen, die auch eine dezente Süße hinzufügen; der lange, mächtige und geradlinige Abgang ist beeindruckend.

Gin 1893

43,0 %

Markeneigner

Spezialitätenbrennerei
Gebhard Schätzle & Söhne OHG
Hauptstraße 21–23
78586 Deilingen
www.brennerei-schaetzle.de

Produktionsstätte

siehe Markeneigner

Ursprungsjahr der Marke

2015

Uwe Schätzle hat es schriftlich,
dass sein Gin im »DLG-Test 2016«
beste Marke seiner Kategorie war.

WISSENSWERTES

Im Städtchen Deilingen, das sich an der Südwestecke der Schwäbischen Alb auf dem »Großen Heuberg« befindet, waren vermutlich noch nicht viele der Leser dieses Buches. Wer jedoch aufmerksam die diversen Spirituosenwettbewerbe verfolgt, kennt zumindest die dortige Spezialitätenbrennerei von der Lektüre der jeweiligen Ergebnisse. Denn Preise heimst Destillateurmeister Uwe Schätzle sozusagen »in Serie« ein. So wurde unter anderem sein nach dem Gründungsjahr des Familienbetriebs benannter *Gin 1893* bei der »DLG Qualitätsprüfung für Spirituosen 2016« zum besten Produkt in der Kategorie »Gin/London Gin« gekürt. Und wer diesen Gin an seiner Quelle kaufen will, muss unbedingt auch in die ebenfalls zum Familienbetrieb gehörende Metzgerei nebenan gehen: Dort stellt der Destillateur-Bruder, Metzgermeister Anton Schätzle, eine mit diesem Gin gewürzte Salami her ...

HERSTELLUNG

Das Fundament des *Gin 1893* ist ein Feindestillat aus Weizen. Wacholder, Koriander und Lavendel sind die Würze – mehr Botanicals gibt Uwe Schätzle nicht preis. Das Ganze wird schließlich destilliert, das nötige Wasser zum Herabsetzen auf Trinkstärke stammt aus einer Quelle in 1000 Meter Höhe. Das ist auch schon alles, was zum Entstehen dieses Gins vom preisgekrönten Brenner verraten wird.

VERKOSTUNG

Selten war ein Gin so probierenswert wie dieser – und das Probieren so »unergiebig«! Das ist allerdings keine Kritik, sondern ein Kompliment! Denn dieser 43-Prozenter ist so mild, ausgeglichen und abgerundet, dass es schwierig, wenn nicht gar unmöglich ist, aus dem harmonischen, nur ganz dezent vom Wacholder geprägten Gesamtaroma einzelne Zutaten herauszulösen, sei es durch Riechen oder Schmecken. Der Schwabe würde sagen: »Ein ›Schätzle‹ für die Sinne, dieser Schätzle-Gin!«

SCHWEIZ

G!N 1948

Markeneigner

Kindschi Söhne AG
Industriestraße 2
7220 Schiers
www.kindschi.ch

Produktionsstätte

siehe Markeneigner

Ursprungsjahr der Marke

2012

WISSENSWERTES

Die Firma Kindschi wurde 1860 gegründet. Im Jahr 1948 hatte der Großvater der heute noch involvierten Familienmitglieder schon einen Gin geschaffen, weshalb die nach dem 2012 überarbeiteten Rezept jenes Großvaters neu aufgelegte Version auch den Namen *Gin 1948* erhielt.

HERSTELLUNG

Lavendelblüten, Ingwerwurzel und Zimtrinde, Angelikawurzel und Zitronenschalen sind – neben dem Wacholder und vermutlich einigen anderen Botanicals mehr – die pflanzlichen Zutaten, die zwei Wochen lang in zugekauftem Ethanol mazeriert und danach von Brennmeister Rico Kindschi in der firmeneigenen Destillerie zweifach destilliert und mit strammen 48 Volumenprozent Alkoholgehalt abgefüllt werden.

VERKOSTUNG

In der Nase herrscht der Wacholder vor, Kräuternoten sind nur im Hintergrund wahrnehmbar; am Gaumen gibt sich dieser Gin trotz seiner 48 % Alkoholgehalt mild und lässt den Wacholder erneut deutlich vorschmecken, sodass die anderen Botanicals nahezu »außen vor« bleiben. Erst im *Finish*, bei dem die Pflichtbeeren noch einmal dominieren, kommt eine leichte Kräuternote zum Vorschein.

In dieser → Brennblase der Kindschi-Destillerie wird der G!N 1948 zweimal destilliert.

Das Fasslager der Traditionsbrennerei Guglhof in Hallein bei Salzburg.

42,0 %

Gin Alpin

Markeneigner

Brennerei Guglhof
Anton Vogl, Henry Wall
Davisstraße 13
5400 Hallein bei Salzburg
www.guglhof.at

Produktionsstätte

siehe Markeneigner

Ursprungsjahr der Marke

1930/2010

WISSENSWERTES

Es war im Jahr 1930, als Anton Vogl II. aus Wacholder, Waldheidelbeeren und Mehlbeeren seinen ersten Gin destillierte.
Genau 80 Jahre später nahm sich Anton Vogl III. die ursprüngliche Rezeptur noch einmal vor und verfeinerte Schritt für
Schritt deren ohnehin außergewöhnliche Note.

HERSTELLUNG

Waldheidelbeeren, Mehlbeeren und natürlich Wacholder
sind auch in der neuen Version des Gins der weithin bekannten
und hoch angesehenen Brennerei Guglhof enthalten. Dazu
noch Holunderbeeren und -blüten, Bergminze, Zitronenmelisse »und so manch andere geheime Zutat«. Die insgesamt
23 Botanicals werden in selbst gebranntem Weizendestillat
48 Stunden lang mazeriert – gruppenweise: Gewürze,
Wildfrüchte und Blüten werden jeweils separat im Alkohol
ausgelaugt und danach als → Mazerate – auch wieder für sich
– in einer 150-Liter-→Brennblase destilliert. Der Gin wird
nicht gesüßt.

VERKOSTUNG

Sehr blumig in der Nase, aber auch Gewürznoten und
frischer Wacholderduft sind gut wahrzunehmen – alles in
allem ein vielschichtiger, animierender Duft; aromatisch und
»Gin-typisch« am Gaumen mit einem köstlichen Gewürz-
bouquet und klaren, aber nicht übertriebenen Wacholder-
sowie Zitrusnoten; ein eleganter, finessenreicher, wunderbar
ausgewogener und füllig-saftiger Gin.

40,0 %

GIN'CA

Markeneigner

The Inca Distillery S.A.C.
Calle 2, Mz. LL, Lote 11
Ate, Lima
www.tid.pe

Produktionsstätte

siehe Markeneigner

Ursprungsjahr der Marke

keine Angabe

WISSENSWERTES

The Inca Distillery in Lima ist Perus einzige Brennerei, die sich auf Premiumdestillate spezialisiert hat: »Unser Ziel ist es, höchste Qualität für unsere Destillate zu erreichen. Alle Naturprodukte, frische Kräuter und Gewürze, die bei der Destillation eingesetzt werden, stammen aus Peru«, beschreibt ein Verantwortlicher die Philosophie des Unternehmens. Dessen *GIN'CA* wurde übrigens – als erster Gin überhaupt – 2015 als »Perus bestes Destillat des Jahres« ausgezeichnet.

HERSTELLUNG

Außergewöhnlich ist schon der Rohstoff, aus dem der Basisalkohol gewonnen wird: Zuckerrohr, und zwar nicht irgendeines von irgendwoher, sondern *Saccharum officinarum* vom Landgut Manuelita in Laredo. Zumindest teilweise ungewöhnlich sind auch die pflanzlichen Zutaten, die mit Ausnahme des aus Mazedonien stammenden Biowacholders allesamt aus dem südamerikanischen Land selbst stammen: das Küchenkraut *Tagetes minuta*, das hier *Huacatay* heißt, die Zitrusfrucht *Minneola*, eine Kreuzung aus Mandarine und Grapefruit, die ebenso wie die Limetten in Perus Küstenregion geerntet wird, dazu Peruanischer und Schwarzer Pfeffer, Rosmarin und Weinraute sowie Zimt, ferner Zitronenverbene usw. ... Das würzige Ensemble wird in einer Kolonnenanlage deutscher Herkunft destilliert, die mit vier Kochböden ausgestattet ist und besonders reine Destillate zuwege bringt.

VERKOSTUNG

In der Nase ein breit strukturiertes Spektrum an Düften, dominiert von Zitrusfrüchten, Gewürzen und Blüten, eher im Hintergrund ist das Küchenkraut Huacatay zu finden. Am Gaumen präsentiert sich der *GIN'CA* voller Frische und entfaltet eine wahre Sinfonie von Aromen, unter denen leicht süßliche Zitrusnoten herausragen. Der Abgang ist lang und zwar fruchtbetont, doch sehr harmonisch.

Eric Röthig-López ist Chef-Destillateur der Inca Distillery in Ate in der Provinz Lima in Peru.

G.I.N.

DRY GIN
70 cl, 41 % Vol.
DISTILLED IN AUSTRIA
5760 SAALFELDEN

40,0 %

G.I.N. Hägmoar

Markeneigner

Siegfried Herzog Destillate
Breitenbergham 5
5760 Saalfelden
www.herzogdestillate.at

Produktionsstätte

siehe Markeneigner

Ursprungsjahr der Marke

2011

Siegfried Herzog an seiner
»maßgeschneiderten« Brennanlage,
die zu den modernsten Europas
gehört.

WISSENSWERTES

Siegfried Herzog übernahm 1998 von seinem Vater den mehr als 400 Jahre alten Erbhof, auf dem traditionell (auch) Milchwirtschaft betrieben wurde. Im Laufe der Jahre erweiterte und modernisierte er den Hof und auch die inzwischen dazugehörige Brennerei, der sein besonderes Augenmerk galt. Diese Destillerie bekam 2010 eine »maßgeschneiderte« Brennanlage des renommierten Herstellers Kothe. Für sein inzwischen an die 50 Produkte umfassendes Spirituosensortiment wurde Siegfried Herzog bereits mit zahlreichen Auszeichnungen bedacht.

HERSTELLUNG

Kandierte ( ) Veilchenblüten, Eisenkraut und Zitronengras sind Botanicals, die aus dem Rahmen des Üblichen herausragen, zudem verwendet Siegfried Herzog für seinen Gin neben dem wichtigen Wacholder auch noch Kardamom, Koriander, Muskat und Orangenzesten. Destilliert wird der *Hägmoar* »in einer der modernsten Brennanlagen Europas« (Zitat des Herstellers). Zum Herabsetzen auf Trinkstärke wird reinstes Quellwasser aus den Pinzgauer Bergen verwendet.

VERKOSTUNG

Vordergründiger Wacholderbeerduft, in dem auch blumige Töne ebenso wie einige Fruchtnoten, vornehmlich solche von Zitrusfrüchten, erkennbar sind; am Gaumen zeigt sich dieser Gin gehaltvoll mit leicht cremiger Textur und bestens abgerundet; im mittellangen Abgang wirkt er höchst elegant.

42,7%

Gin Mare

Markeneigner

Global Premium Brands
Avenida Conde de Romanones 18
Azuqueca de Henares, Guadalajara
www.globalpremiumbrands.com

Produktionsstätte

Destilerias MG S.L.
Miguel Guansé, s/n
08800 Vilanova i la Geltrú,
Barcelona
www.destileriasmg.com

Ursprungsjahr der Marke

2008

WISSENSWERTES

Warum eigentlich sollte man einen in Spanien gefertigten Gin nicht *Mare* (»Meer«) nennen? Spanien liegt am Mittelmeer, und aus Italien, Griechenland und der Türkei, die ebenfalls an das *Mare Mediterraneum* grenzen, wird jeweils eine der prägenden pflanzlichen Zutaten bezogen. Und hat nicht das mediterrane Lebensgefühl europaweit einen hohen Stellenwert? Dazu gehört der Genuss – und den bietet ein guter Gin wie der *Mare* allemal: Drei Goldmedaillen bei einschlägigen Wettbewerben sollten als Beweis dafür eigentlich schon genügen.

HERSTELLUNG

Drin ist das Übliche: Wacholder, Koriander, grüner Kardamom und Zitrusfrüchte. Den maritimen Touch steuern Arbequina-Oliven aus Spanien, Basilikum aus Italien, Thymian aus Griechenland und Rosmarin aus der Türkei bei. Das alles wird (jeweils separat) in Getreidealkohol lange (!) mazeriert, die Zitrusfrüchte sogar mehr als ein Jahr lang. Jedes → Mazerat wird zunächst für sich destilliert, danach werden die verschiedenen Mazerate in einer bestimmten Dosierung vermischt und erneut destilliert.

VERKOSTUNG

Er ist anders als die anderen Gins! Der Eindruck drängt sich schon bei der Riechprobe auf: Wacholder ist kaum wahrzunehmen, auch andere Botanicals lassen sich kaum oder gar nicht einzeln erkennen, da sie zu einem sanft-süßen Bouquet quasi verschmolzen sind. Das Schmecken verläuft ähnlich: Hierbei ist der Wacholder fast eine Nebensache, er kann sich nur mühsam gegen den floral-süßlichen Verbund der übrigen Zutaten durchsetzen; im Abgang schmeckt der *Mare* dann mediterran mit deutlichen Noten von Thymian und Rosmarin, auch die blumigen Noten halten sich erfreulich lange.

49,0%

Gin Sieben

Markeneigner

Gregor Haslinger, Whisky Spirits
Wallstraße 23
60594 Frankfurt am Main
www.gin-sieben.de

Produktionsstätte

Brennerei Henrich GbR
Obsthof am Berg
An der Hohlmauer 2
65830 Kriftel
www.obsthof-am-berg.de

Ursprungsjahr der Marke

2015

WISSENSWERTES

Ein ganzes Jahr dauerte es, bis dieser »echte Frankfurt Dry Gin« sozusagen serienreif war. Zunächst war die Frage zu klären, ob sich das Rezept für die berühmte »Grie Sooß« (für Nicht-Hessen: »Grüne Sauce«) in einen Gin umsetzen ließe. Dann galt es, die sieben Kräuter, aus denen diese traditionelle kalte Sauce besteht, Gin-gerecht zu dosieren. Und schließlich und endlich waren noch die Kontakte zu potenziellen Partnern zu knüpfen, die sicherstellten, dass dieser Gin ein »echter Frankfurter« wurde.

Aus dieser → *Brennblase in Henrichs Obsthof am Berg stammt* Gin Sieben Echter Frankfurter Dry Gin.

HERSTELLUNG

Wacholderbeeren haben in einer »Grie Sooß« nichts zu suchen, in einem Gin aber schon. Folglich sind sie auch die einzige Zutat im *Gin Sieben*, die nicht aus der Region Frankfurt am Main stammt. Doch Borretsch, Kerbel, Kresse, Petersilie, Pimpinelle, Sauerampfer und Schnittlauch werden im Stadtteil Oberrad der Main-Metropole gezüchtet und sind folglich heimische Kräuter. Diese werden dosiert – vom »zwiebeligen« Schnittlauch etwa wird nur ganz wenig eingesetzt –, mazeriert und getreu den Vorgaben zu einem Gin der Kategorie »London Dry« destilliert. Nur der Vollständigkeit halber sei noch erwähnt, dass auch der Basisalkohol aus Frankfurt kommt, ein Teil davon sogar aus einer in der Stadt ansässigen Brauerei: Die stellt den Alkohol zur Verfügung, der ihren als Vollbiere eingebrauten, aber als alkoholfreie Biere abgefüllten Sorten Pils und Weizen entzogen wurde.

VERKOSTUNG

Augen zu und schnuppern: Ein Schüsselchen »Grie Sooß« und ein kräftiger Wacholderbrand, der in die kalte Sauce gerührt wurde – dieses Bild malt die Fantasie. Wer die »Grüne Sauce« nicht kennt, riecht zunächst einmal Wacholder und dann eine aparte Kräutermischung, aus der sich nach und nach Kerbel und Petersilie, die frischen Noten von Kresse und Sauerampfer, die etwas nussige Pimpinelle und der leicht blumige Borretsch herausschälen – und der »zwiebelige« Schnittlauch zum Glück nur eine winzige Nebenrolle als Abrunder spielt. Am Gaumen wiederholt sich das Ganze, allerdings so schnell, dass die Aromen hier gleich vereint auftreten, wenn auch nicht gleichberechtigt. Und last but not least lässt sich der nicht aufdringlich alkoholische 49-Prozenter für seinen Abgang genug Zeit.

IRLAND

Glendalaough

Markeneigner

Glendalough Irish Whiskey Ltd
Unit 39, Unit 9 Newtown
Business & Enterprise
Centre Newtownmountkennedy
Newtown Mount Kennedy,
County Wicklow
www.glendaloughdistillery.com

Produktionsstätte

siehe Markeneigner

Ursprungsjahr der Marke

2016

WISSENSWERTES

Glendalough, irisch: *Gleann Dá Loch*, ist das »Tal der zwei Seen« in den irischen Wicklow Mountains, etwa 40 Kilometer südlich von Dublin. Die zauberhafte Landschaft und die berühmte Klostersiedlung locken jährlich zahllose Besucher an. Seit Mai 2014 ist hier die Glendalough Distillery in Betrieb, die erste Craft Distillery Irlands seit vielen Generationen. Schon bevor sie ihre eigene Brennerei eröffneten, hatten sich die Gründer auf die Herstellung von *Poitín* konzentriert, dem traditionellen und einst illegal gebrannten Schnaps, der früher eine Alternative zum legalen, aber versteuerten und folglich relativ teuren Whiskey war und heute aus Gründen der Nostalgie vereinzelt wieder hergestellt wird. In ihrer eigenen Destillerie stellen die Betreiber allerdings auch »richtigen« Whiskey her, den Single Grain Double Barrel. Und neuerdings auch einen *Seasonal Gin*.

Glendalough, die Distillery im gleichnamigen Tal, wurde erst im Mai 2014 in Betrieb genommen.

HERSTELLUNG

Der Serienname *Seasonal Gin* weist schon darauf hin: Von dem *Glendalough Gin* gibt es für jede Jahreszeit eine darauf abgestimmte Version, die neben den regulären elf noch weitere zehn oder mehr saisonale Botanicals enthält. Die Zutaten, die für alle vier Versionen gemischt werden, sind – neben dem Wacholder – Malz, Angelika- und Iriswurzeln, Bittermandeln, Ingwer, Koriandersamen, Ceylon-Zimt, Süßholz und Zitronenschalen. Für den *Wild Spring Gin* (»Frühling-Gin«, siehe Verkostung unten) kommen dazu noch wildwachsende Pflanzen der Saison aus der Umgebung: Bachminze, Birkensaft, Buchenblätter, Efeu, Ginster, Löwenzahn, Myrrhenkerbel, Primeln, Waldmeisterblätter und -blüten sowie Weißdorn. Die jeweiligen Zutaten werden in kleinen Chargen (»small batch«) in der Holstein Copper Still destilliert. Erwähnenswert ist sicher noch, dass der gesamte Herstellungsprozess vom Sammeln der Botanicals bis hin zur Abfüllung komplett reine Handarbeit ist – von echten *Craft Distillers* eben.

VERKOSTUNG

Eine Anmerkung vorab: Im nächsten Frühjahr kann diese Variante – ebenso wie die drei anderen – anders ausfallen als in diesem, da die Menge und Qualität der Botanicals vom jeweiligen Wetter abhängen.

In der Nase schön frisch, zum zurückhaltenden Wacholder gesellen sich blumige Noten und dezente Kräutertöne – ein wilder »grüner« Frühlingsduft eben. Im Mund ist der Wild Spring mild, »ölig« in seiner Konsistenz und – gut wahrnehmbar – von einer Kräuter-Blüten-Allianz geprägt, wobei sich der Wacholder hier wirklich nicht aufdrängt, dafür aber ein Hauch von Vanille mitschwingt.

37,5 %

Gordon's

Markeneigner

Diageo plc
Lakeside Drive, Park Royal
London NW10 7HQ, England
www.diageo.com

Produktionsstätte

Cameronbridge Distillery
Windygates
Leven/Fife KY8 5RL

Ursprungsjahr der Marke

1908

Die Cameronbridge Distillery im schottischen County Fife stellt hauptsächlich → Grain Whisky her.

WISSENSWERTES

Der Schotte Alexander Gordon gründete 1769 eine Brennerei im Londoner Stadtteil Southwork. Diese Destillerie wurde 17 Jahre später in die Goswell Road verlegt. Ab 1800 wurde der *Gordon's* an die Royal Navy geliefert, die diesen Gin bekannt machte, weil ihn die Matrosen der Marine ebenso wie die der Handelsflotte auf ihren Fahrten in alle Welt stets mitführten. Im Jahr 1898 fusionierte Gordon mit dem Konkurrenten Tanqueray, ein Jahr später verstarb der letzte Nachkomme des Gründers Gordon. 1922 wurden Tanqueray, Gordon & Co. von der DCL übernommen und kamen über diese schließlich unter das Dach des Global Players Diageo. Der verlegte die Produktion seiner zwei Gin-Marken 1998 in seine Grain Whisky Distillery Cameronbridge im schottischen Städtchen Cameron Bridge.

HERSTELLUNG

Dreifach aus Getreide destillierter Neutralalkohol ist die Basis, deren Alkoholgehalt durch die Zugabe von entmineralisiertem Wasser etwas herabgesetzt wird. In dieser Basis werden Wacholderbeeren und Angelikawurzel, Koriander, Ingwer, Iriswurzel, Muskatnuss, Orangen- und Zitronenschalen, Süßholz und Zimtöl eingeweicht. Das Ganze wird dann zweifach im → fraktionierten Verfahren destilliert.

VERKOSTUNG

Wacholder beherrscht den Duft, begleitet von Zitrusnoten und einem Hauch scharfen Korianders; die Pflichtzutat dominiert auch Zunge und Gaumen, und neben dem deutlichen Wacholdergeschmack ist außer einer gewissen Süße und etwas Koriander kaum noch etwas auszumachen.

Granit

Markeneigner

Hausbrennerei Penninger
Industriestraße 18
94051 Hauzenberg
www.penninger.de

Produktionsstätte

siehe Markeneigner

Ursprungsjahr der Marke

2014

*Die Hausbrennerei Penninger lockt
Besucher auch mit dem Ersten
Bayerischen Schnaps-Museum an.*

WISSENSWERTES

Die Hausbrennerei Penninger in der niederbayrischen
»Granit-Hauptstadt« Hauzenberg ist ein bereits in vierter Generation geführter Familienbetrieb, der sich vor allem mit
seinen regionalen Spezialitäten *Bärwurz* und *Blutwurz* über
die Landesgrenzen hinaus einen Namen gemacht hat. Es war
schließlich der Juniorchef Stefan Penninger, in der fünften
Generation, der im Jahr 2014 eine neue Tür aufstieß: Der
Betriebswirtschaftler und Wirtschaftsinformatiker, der auch
im Brennen ausgebildet und ein geprüfter Edelbrand-Somme-
lier ist, kreierte den *Granit Bavarian Gin* als sein erstes
großes Projekt. Und der wurde 2016 bei den »World Drinks
Awards« in London als bester traditioneller Gin ausgezeichnet.

HERSTELLUNG

In biozertifiziertem Alkohol werden insgesamt 28 Botanicals
aus biologischem Anbau mazeriert: neben »klassischen« auch
typisch bayerische Zutaten wie Bärwurz, Enzian und Melisse.
Nach der Destillation erfolgt die Reifung im Steingutfass und
eine ebenso aufwendige wie außergewöhnliche Filterung
durch Granitsteine verschiedener Körnung. Dieses für Hauzenberg typische Gestein wird übrigens ein weiteres Mal für den
Gin gebraucht, der nach ihm benannt ist: Stefan Penninger
beschloss, an jede Flasche *Granit Gin* einen zwar kleinen,
jedoch von Hand geschlagenen Granitstein zu hängen. Der wird
dann ins Gefrierfach gelegt und kommt als kühlendes Element
mit dem Gin oder dem Gin-Drink ins Glas; das verwässert den
guten Schluck nicht – und der gängige Begriff »on the rocks«
hat so seine ursprüngliche Bedeutung wiederbekommen.

VERKOSTUNG

Sanft in der Nase, wo der Wacholder hervorsticht, eskortiert
von Kräutern und sehr feiner Pfeffernote; auch am Gaumen
wieder mild, wo aber der Wacholder allmählich zugunsten der
Kräuter zurücktritt; im – trotz der immerhin 42 % – sehr milden
Abgang sind schließlich noch süßliche Aromen auszumachen.

Greenall's

40,0 / 37,5 % GB

Markeneigner

Quintessential Brands
Floor 3, 3/4a Little Portland Street
London W1W 7JB
www.quintessentialbrands.com

Produktionsstätte

G&J Distillers
Melbury Park Clayton Road
Warrington Cheshire WA3 6PH
www.gjdistillers.com

Ursprungsjahr der Marke

1761

Die Vorgängerin der heutigen G&J Distillery war anno 1760 von Thomas Dakin gegründet worden.

WISSENSWERTES

Thomas Dakin, ein Pionier auf dem Gebiet des Gins, gründete 1761 eine Destillerie in Warrington, in der er von Anfang an Gin nach seinem Rezept erzeugte. Die Brennerei wurde später an die Familie Greenall zunächst verpachtet und dann im Jahr 1860 an sie verkauft. Sie produzierte nach dem nach wie vor für Außenstehende geheimen Rezept des Gründers ihren Gin, und nachdem sie im Jahre 2005 bis auf die Grundmauern niedergebrannt war, wurde – wenn auch zunächst provisorisch – schon zehn Tage später wieder destilliert. Seit 2011 gehört Greenall's zu Quintessential Brands, und dieser Eigentümer kann sich rühmen, einen ebenso traditionellen wie erfolgreichen Gin unter seinem Dach zu haben.

HERSTELLUNG

Toskanischer Wacholder bringt das typische »Parfüm« ein, Angelikawurzel eine erdige Note, für die Zitrustöne sorgen Zitronen aus Spanien, Koriandersamen aus Marokko steuern schließlich noch die Gewürznote bei. Diese und zweifellos noch weitere Botanicals werden mit einer Mischung aus Korn-Neutralsprit und Wasser aus den Vorbergen der Cheshire Plains in die → Pot Still gegeben, wo sie quasi mazeriert werden. Wenn die Aromen an das Alkohol-Wasser-Gemisch übertragen sind, wird diese Flüssigkeit erhitzt, bis sie verdampft. Klarer gesagt: Sie wird destilliert und der zuerst aufsteigende Alkoholdampf nimmt die Aromen mit. Der aromengesättigte Dampf wird abgekühlt, kondensiert und wird von → Vor- und → Nachlauf abgetrennt. Der → Mittellauf wird zum Gin.

VERKOSTUNG

Weiches Wacholderaroma in der Nase, zart untermalt von Zitrus- und Koriandertönen und pianissimo Zimt; am Gaumen steht der Wacholder wieder im Vordergrund, dahinter etwas erdige Würze und eine Spur Zitrone, alles umhüllt von einer dezenten Süße; im Abgang ist der *Greenall's* mild und weich.

43,0 %

Gunroom

Markeneigner

Integrity Spirits
c/o Renbjer & Magnusson
Vanadisvägen 28
11346 Stockholm, Schweden
www.gunroomspirits.com

Produktionsstätte

Timbermill Distillery
der Thames Distillers Ltd
Timbermill Way, Gauden Road
London SW4 6LY
www.thamesdistillers.co.uk

Ursprungsjahr der Marke

2014

Diese Marke gibt es außerdem noch als:

Gunroom Navy Gin *nach alter Seefahrertradition in »Schießpulver-stärke« von 57,0 %.*

WISSENSWERTES

Die Firma Integrity Spirits wurde 2012 von Lars Renbjer und Martin Magnusson, zwei schwedischen Importeuren von Premiumspirituosen, gegründet. Ihr Ziel war, neue Ideen in die Spirituosenindustrie einzubringen und Neues zu schaffen. Der Trend zu Traditionsprodukten brachte das Duo letztlich auf den Gedanken, dass die innovativste Idee nur die Einführung eines sehr traditionellen Produktes sein könne. Und so entstand 2014 der *Gunroom Gin*, zunächst als »Experiment im Kleinformat« mit einer sehr kleinen Auflage von nur 119 Flaschen im ersten *batch*.

HERSTELLUNG

Ein Dutzend getrockneter pflanzlicher Zutaten wird in Getreidealkohol mazeriert: Angelikawurzel, Bohnenkraut, Iriswurzel, Cassiarinde, Koriander, Mandeln, Muskatnuss, Schalen von süßen Orangen, Süßholz, Wacholder und Zitronenschalen. Das → Mazerat wird gemäß den Vorschriften für »London Dry Gin« destilliert, das Destillat reift 45 bis 60 Tage in Fässern, die zuvor Whisky enthielten.

VERKOSTUNG

Neben dem »klassischen«, von Wacholder geprägten und um Zitrus- wie Gewürztöne ergänzten Gin-Duft machen sich bei diesem Gin auch noch ganz zarte Vanilletöne in der Nase bemerkbar. Im Mund ist dieser *Gunroom* warm, weich und von harmonischer Vielschichtigkeit, in der auch wieder das aus dem Reifefass stammende sanfte Vanillearoma im Hintergrund wahrnehmbar ist.

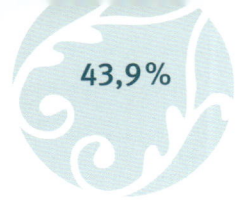

43,9 %

G'Vine

Markeneigner

Maison Villevert
Villevert, 16100 Merpins
www.espritdevillevert.com

Produktionsstätte

siehe Markeneigner

Ursprungsjahr der Marke

2006

WISSENSWERTES

Bis Mitte 2016 war die Firma, die Markeneigner und Hersteller zugleich ist, noch unter dem Namen »Eurowinegate« bekannt, dann wurde sie umbenannt in »Maison Villevert«. Ihr Gründer, Präsident und Generaldirektor Jean-Sébastien Robicquet, ist Oenologe und Destillateur. Sein Weingut, zu dem auch eine Brennerei gehört, steht im Département Charente – also in der Heimat des Cognacs. Mit dem als »König der Weinbrände« gelobten Cognac hatte sich Familie Robicquet schon ab dem 17. Jahrhundert befasst, aber erst die jetzige Generation brach mit der Tradition: Jean-Sébastien »ging fremd«, wollte völlig Neues schaffen, ohne die Reben und den Wein zu ignorieren. So kreierte er zunächst den *Cîroc*, einen Vodka auf Weinbasis, und 2006 auf gleichem Fundament den Gin, der er *G'Vine* nannte.

Der Oenologe Jean-Sébastien Robicquet, Schöpfer des auf Weintrauben basierenden Gins G'Vine.

HERSTELLUNG

Der Alkohol wird im → kontinuierlichen Verfahren vierfach aus Wein destilliert. In diesem Alkohol werden folgenden Botanicals durch → Mazeration die Aromen entzogen: Cassia (auch Zimt- oder Gewürzrinde genannt), grüner Kardamom, Ingwer, Koriander, Limette, Muskatnuss, schwarzer Pfeffer, Süßholz, Koriander und Wacholder. Eine Extrabehandlung wird der Weinblüte zuteil, die lediglich einmal im Jahr gepflückt wird, weil sie nur wenige Tage existiert (diese Zeit wird französisch *floraison* genannt), ehe sie in der *nouaison* zur Weinbeere heranreift. Diese Blüte wird separat mazeriert, und deren Essenz wird auch separat destilliert. Die Destillate aus den Botanical-Mazeraten werden mit der Weinblüten-essenz (für den *Floraison* mehr als für den *Nouaison*) gemischt, es kommt weiterer neutraler Traubenbrand hinzu, und diese Mischung wird noch einmal destilliert.

VERKOSTUNG

Weintypischer Geruch mit etwas »Wald« dazwischen, der noch genug Raum für die Aromen des Wacholders und der Cassia-rinde lässt; im Mund ein starker, pikanter, beinahe schon »scharfer«, aber doch runder Auftakt, in dem auch Zitronen und Zimt zum Zug kommen; im zweiten Akt spielt schließlich der Wacholder seine geradezu blumig anmutende Rolle, und im Schlussakt, sprich Abgang, tritt das gesamte Ensemble mit einer reifen, blumigen, zitronen-fruchtigen Darbietung auf. Wer allerdings den »klassischen« Gin-Charakter sucht, wird ihn in dieser – dennoch – interessanten Marke nicht finden.

....

*Diese Marke gibt es außerdem
noch als:*
G'Vine Floraison, *eine dank der
Weinblüten blumigere und weichere
Variante mit 40,0 %.*

DEUTSCHLAND

Habbel Sloe Gin

Markeneigner

Destillerie & Brennerei
Heinrich Michael Habbel
Gevelsberger Straße 127
45549 Sprockhövel
www.brennerei-habbel.de

Produktionsstätte

siehe Markeneigner

Ursprungsjahr der Marke

2002

WISSENSWERTES

Wie schon an anderer Stelle erwähnt, ist »Sloe Gin« kein Gin im eigentlichen Sinne, sondern ein Likör. Dennoch wird hier ausnahmsweise einmal der Likör von diesem Hersteller ausführlicher vorgestellt (bzgl. Herstellung und Verkostung) und der »richtige« Gin nur erwähnt. Der Grund dafür: Dieser Sloe Gin, für den es bei dem Wettbewerb »World Spirits Award 2014« eine Goldmedaille gab, ist von ausgezeichneter Qualität und für alle Einsteiger zweifellos ein wichtiger Schritt auf dem Weg zum Probieren von »richtigem« Gin.

HERSTELLUNG

Habbel Sloe Gin wird zusammengestellt aus verschiedenen Destillaten, dessen prägendstes Destillat zweifellos dasjenige ist, das aus zum Teil in Schlehendestillat mazerierten Wacholderbeeren gewonnen ist. Sowohl frische als auch getrocknete Schlehen geben diesem Schlehen-Gin-Likör den typischen Geschmack, abgerundet wird dieser durch eine Reihe weiterer natürlicher Zutaten, die der Hersteller allerdings nicht verrät.

VERKOSTUNG

Ein intensiver, komplexer Duft aus Kräutern, Gewürzen und Früchten steigt in die Nase, wobei der Wacholder eher zaghaft auftritt. Der buchstäblich mundfüllende *Sloe Gin* zeigt am Gaumen einen weichen, runden und – für einen Likör – sehr trockenen Geschmack. In Mischgetränken wie etwa »Gin & Tonic« ist das eine interessante Alternative zum »richtigen« Gin.

Von diesem Hersteller gibt es außerdem:
His Master's Drink Dry Gin Extra,
sehr gute Qualität zu einem günstigen Preis, 38,0 %.

Das Stammhaus der Brennerfamilie Habbel im nordrhein-westfälischen Sprockhövel-Haßlinghausen.

151

Hayman⁵ London Dry

47,0 %

Markeneigner

Hayman Distillers
Eastways Park
Witham CM8 3YE
www.haymansgin.com

Produktionsstätte

siehe Markeneigner

Ursprungsjahr der Marke

2005

*Die Haymans sind die einzige
noch aktive Familie unter Englands
ursprünglichen Gin-Brennern.*

WISSENSWERTES

Die Gin-Geschichte dieser Familie begann mit Neville Hayman, der Marjorie Burrough heiratete, die Enkelin jenes James Burrough, der 1862 in London eine Destillerie erworben, im Folgejahr mit dem Herstellen von Gin begonnen hatte und als Schöpfer des *Beefeater* berühmt wurde. Nach Neville trat auch dessen Sohn Christopher Hayman 1969 in das Familienunternehmen ein, stieg auf und war ab 1977 für die Herstellung des *Beefeater* verantwortlich. Nachdem die James Borrough PLC 1987 von der Whitbread Brewers PLC übernommen worden war, kaufte Christopher, der Urenkel des Gründers, 1988 die Abteilung »James Borrough Fine Alcohols Division Ltd« von dem Braukonzern zurück und benannte sie um in *Hayman Distillers*. Jene berühmte Marke des Urgroßvaters hatte er damit zwar nicht, aber genug Rezepte und Erfahrung aus fünf Generationen für einen Neustart auf traditioneller Basis. Seit Beginn des 21. Jahrhunderts sind auch Christophers Kinder James und Miranda in diesem Familienbetrieb aktiv, der auf der Basis eines geheimen Familienrezepts Gin herstellt.

HERSTELLUNG

Alle *Hayman's Gins* werden in Handarbeit hergestellt, jeweils nach individuellem Originalrezept und grundsätzlich aus zehn Botanicals, die individuell dosiert werden: Wacholder, Angelikawurzel sowie Cassiarinde, Iriswurzel, Koriandersamen und Muskat, Orangenschalen, Süßholz, Zimt und last but not least Zitronenschalen. Zunächst kommt Alkohol aus englischem Weizen in die → Pot Still, dann werden die individuell dosierten Botanicals dazugegeben. Diese müssen einen Tag in diesem Alkohol ziehen, damit ihre Aromen freigesetzt werden. Die kupferne → Brennblase, nach Christophers Mutter »Marjorie« benannt, wird dann erhitzt, vom Destillat wird der → Mittellauf (»Herzstück«) penibel abgetrennt, auf Trinkstärke verdünnt, und fertig ist der Gin!

VERKOSTUNG

Ein intensiver Duft nach frischem Wacholder und spritzigen Zitrusnoten; am Gaumen vollmundig und ausgewogen, mit einer gelungenen Balance zwischen Wacholder, Koriander und Zitrusfrucht, dazu die elegante Würze von Pfeffer und Süßholz (Lakritz) mit einem Hauch von Schokolade.

Diese Marke gibt es außerdem noch als:
Hayman's Family Reserve, *drei bis vier Wochen in Ex-Whisky-Fässern gelagert, 41,3 %, sowie*
Hayman's Sloe Gin, *Likör aus wilden, monatelang in eigenem Gin mazerierten Schlehen, 26,0 %.*

44,0 %

Hendrick's Gin

Markeneigner

William Grant & Sons Ltd
The Glenfiddich Distillery
Dufftown, Banffshire AB55 4DH
www.williamgrant.com

Produktionsstätte

The Girvan Distillery
Girvan, KA26 9PT

Ursprungsjahr der Marke

1999

WISSENSWERTES

Das schottische Haus William Grant & Sons ist berühmt als Hersteller der beiden Single Malt Whiskys *Glenfiddich* und *Balvenie*, es erzeugt aber auch weitere Malts und Blended Whiskys. Zur Produktion des für die Whisky Blends nötigen → Grain Whiskys wurde 1963 eine Destillerie in Girvan in den Scottish Lowlands errichtet. Hier wird auch der *Hendrick's Gin* gebrannt. Für ihn wurden eigens zwei alte → Brennblasen restauriert, die Charles Gordon, ein Urenkel des Firmengründers William Grant, auf einer Auktion erworben hatte: Aus der kleineren, 1860 gebauten und Bennet Still genannten → Pot Still kommen die schweren, »öligen« Destillate mit der Wacholdernote, während aus der → Carter Head Still eher subtilere Destillate mit floralen und süßen Noten abgezogen werden. Diese zwei Destillate ergeben den Gin.

HERSTELLUNG

Als prägendste Botanicals werden – neben dem (unauffälligen) Wacholder – Angelikawurzeln und Holunderbeeren, Iriswurzeln, Kamille und Koriander, Kümmel, Kubebenpfeffer sowie Orangen- und Zitronenschalen genannt. Sie ziehen zunächst einmal zwischen 24 und 36 Stunden in neutralem, auf 55 bis 60 % vol verdünntem Alkohol in der älteren Bennet Still. Das → Mazerat wird dann zu einem Destillat mit zu Anfang 92 % und später um die 75 % vol gebrannt. Dieses Destillat hat einen schweren, fast schon öligen Charakter. Genau die gleichen Zutaten, wenngleich in anderer Dosierung, werden auch in die → Carter Head Still gegeben, wo sie jedoch nicht mit dem Alkohol-Wasser-Gemisch in Berührung kommen, sondern in einem Kupferkorb darüber hängen und somit nur von den Destillationsdämpfen durchzogen werden, also die sogenannte Dampfinfusion *(vapour infusion)* durchlaufen. Das auf diese Weise in dieser Brennblasenform gewonnene Destillat, respektive dessen → Mittellauf, unterscheidet sich deutlich von dem in der Bennet Still erzeugten: Es ist blumiger, süßer und leichter im Körper. Diese zwei unterschiedlichen Destillate werden dann in einem bestimmten

Für den Hendrick's *werden Destillate aus zwei verschiedenen Brennblasen miteinander vermählt.*

Verhältnis gemischt. Der Gin ist damit allerdings noch nicht fertig. Erst Extrakte aus Rosenblättern und ein Konzentrat aus frischen Gurken geben ihm das gewisse Etwas. Da die Aromen dieser zwei Botanicals die Hitze des Destillierens nicht überstehen würden, werden sie separat verarbeitet und der Mischung aus den beiden Destillaten nachträglich zugesetzt. Damit verliert der *Hendrick's* allerdings den Anspruch auf den Status »London (Dry) Gin«, weil für diese Sorte vorgeschrieben ist, dass sämtliche Botanicals destilliert sein müssen und das Destillat nicht nachträglich aromatisiert werden darf.

VERKOSTUNG

Den Wacholder nimmt die Nase allenfalls als Randerscheinung wahr. Dafür heben sich aus dem leicht süßlichen Duft immer mehr blumige Noten hervor – aus dem Glas riecht es vor allem nach Rosen. Am Gaumen ist der *Hendrick's* mild und der Wacholder auch auf dieser Bühne nur Statist. Stattdessen ist der Geschmack von blumigen Noten (Rosenöl) geprägt und von sanften Pfeffernoten durchsetzt. Doch die als spezielles Botanical stets erwähnte Gurke zu entdecken, ist alles andere als einfach. Der etwas kurze Abgang hinterlässt im Mund schließlich noch ein deutlich florales Echo. Tipp: Der *Hendrick's Gin* ist die erste Wahl, wenn es darum geht, einen Martini der etwas anderen Art zu mixen.

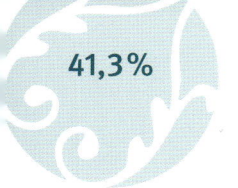

41,3 %

Jinzu

Markeneigner

Diageo plc
Lakeside Drive, Park Royal
London NW10 7HQ
www.diageo.com

Produktionsstätte

keine Angabe

Ursprungsjahr der Marke

2014

WISSENSWERTES

Jinzu Gin ist eine Kreation, die in Kooperation von Diageo und Dee Davis, einer Barkeeperin aus Großbritannien, entstand. Sie war Gewinnerin der Diageo Show »Your Spirit Competition 2013«. Der Slogan: »A British Gin with a Japanese Twist.«

HERSTELLUNG

Schon der Basisalkohol fällt aus dem Rahmen des Üblichen, denn er wird aus Reis gewonnen. Diese Basis wird mit Wacholderbeeren und Koriander destilliert, das Destillat wird anschließend noch mit Kirschblüten und Yuzu, einer japanischen Zitrusfrucht, verfeinert.

VERKOSTUNG

In der Nase ein intensiver Geruch nach Sake mit dezenten Wacholdertönen; am Gaumen treten dann Kirschblüten in Erscheinung, begleitet von sanften Zitrusaromen sowie einem Hauch von Sake und – natürlich – auch etwas Wacholder- geschmack, der allerdings im Hintergrund bleibt.

45,0%

Journeyman

Markeneigner

Journeyman Distillery
109 Generation Dr
Three Oaks, MI 49128
www.journeymandistillery.com

Produktionsstätte

siehe Markeneigner

Ursprungsjahr der Marke

2013

WISSENSWERTES

Die 2011 von Bill Welter gegründete Journeyman Distillery ist eine Brennerei, bei der alles selbst gemacht wird, quasi eine echte »Vom-Getreide-bis-in-die-Flasche«-Brennerei. Da der Gründer in Schottland alles über Whisky gelernt hatte, wird hier noch handwerklich gearbeitet und jede Phase der Herstellung genau überwacht.

HERSTELLUNG

Neun sorgfältig ausgesuchte Botanicals, darunter die namensgebende Heidelbeere (engl. *bilberry*), geben dem *Journeyman Bilberry Black Hearts* sein höchst individuelles Aroma. Die alkoholische Basis wird aus regionalem Weizen destilliert, und darin werden die Zutaten mazeriert. Das → Mazerat wird schließlich in der in Eislingen/Deutschland angefertigten Kothe-Anlage zum Gin destilliert.

VERKOSTUNG

In der Nase kommt dieser *Journeyman* leicht süßlich an und bringt Noten von Anis, »Cookies« sowie dunklen Beeren mit. Am Gaumen ist er etwas trocken, angenehm fruchtig und würzig, mit feinen Noten von Pfeffer, Feigen und Lakritze. Der mittellange Abgang ist wohltuend warm.

40,0%

Kabumm

Markeneigner

Rapper Sido und Partner
Burkhard Westerhoff
sowie Josef Farthofer
c/o Destillerie Farthofer
Öhling 35
3362 Öhling
www.destillerie-farthofer.at

Produktionsstätte

siehe Markeneigner Farthofer

Ursprungsjahr der Marke

2016

In dieser Anlage von Farthofer
wird Vielerlei gebrannt – auch der
Rapper-Sido-Gin Kabumm.

WISSENSWERTES

Einen Paul Hartmut Würdig kennen vermutlich nur wenige
Zeitgenossen. Dass dies der bürgerliche Name des deutschen
Rappers und Musikproduzenten Sido ist, kann schließlich
nicht jeder wissen und schon gar nicht Zeitgenossen, die mit
dieser Art von Musik »nichts am Hut« haben. Wer jedoch die
Spirituosenszene aufmerksam beobachtet, kann mit dem
Namen Sido etwas anfangen: Nachdem der Rapper schon im
Spätsommer 2015 mit dem bekannten österreichischen Brenner
Josef Farthofer einen Vodka auf den Markt gebracht hatte,
präsentierte das Rapper-Brenner-Duo dann im Herbst 2016 das
nächste Projekt: den *Kabumm*-Gin. Der hat allerdings auch
einen im Wortsinn prominenten – also herausragenden –
Preis: Bei knapp 80 Euro für 0,7 Liter sagt der Sparsame schon
mal »Kabumm«!

HERSTELLUNG

Holunderblüten und Kornelkirschen sind die beiden einzigen
Zutaten, die frisch mazeriert werden; die anderen Botanicals
wie etwa der Wacholder, Zitrusfruchtschalen und Lavendel
werden getrocknet im 40-prozentigen Weizenbrand mazeriert
und anschließend mit diesem Alkohol destilliert.

VERKOSTUNG

Wacholder drängt sich harzig-würzig in der Nase nach vorn,
etwas Pfeffer umnebelt ihn. Allmählich machen sich auch
Zitrusnoten und feiner Lavendelduft bemerkbar. Aber wirklich
komplex ist der Duft dieses Gins nicht unbedingt. Die Zunge
wird förmlich gestreichelt von diesem samtweichen Gin, der im
Mund auch einen Hauch von Süße verbreitet; doch der
Wacholder spielt auch hier mit harzigen Tönen die erste Geige,
und wenn der Probeschluck im Mund kräftig hin und her
geschoben wird, lässt sich auch Pfeffer erkennen, zu dem sich
schließlich noch Minze und leichte Alkoholschärfe gesellt.

45,0 %

Keckeis Gin

Markeneigner

Harald Keckeis
Torkelgässele 3
6830 Rankweil
www.destillerie-keckeis.at

Produktionsstätte

Destillerie Keckeis
siehe Markeneigner

Ursprungsjahr der Marke

2013

WISSENSWERTES

Harald Keckeis, passionierter Koch und Genießer, interessierte sich schon in jungen Jahren für das Destillieren von Früchten. Er gründete eine Brennerei und entwickelte seine eigene Marke. Diese umfasst Gin, Obstbrände und Bierbrände, Single Malt Whisky sowie Bier aus Whisky-Malz. Keckeis' Einsatz, seine Kreativität und nicht zuletzt sein Qualitätsbewusstsein sorgten dafür, dass seine 2002 gegründete Brennerei heute zu den Top-Destillerien in Österreich gezählt wird.

HERSTELLUNG

Der 96-prozentige Basisalkohol aus landwirtschaftlichen Rohstoffen wird zugekauft. Ob er darin die zwei Dutzend Botanicals, zu denen neben Wacholder und Koriander auch Zitruszesten und Blüten gehören, zunächst mazeriert oder sie ohne diesen Umweg direkt destilliert, verrät Harald Keckeis nicht. Jedenfalls wird langsam »und nicht zu heiß« destilliert, sodass die Aromen der jeweils einzeln auf Qualität geprüften Botanicals für diesen »100-prozentigen« London Dry Gin erhalten bleiben.

VERKOSTUNG

Schon in der Nase zeigt sich dieser Gin sehr komplex, doch Wacholder, Koriander, Zitrusnoten und blumige Töne lassen sich in diesem Duftstrauß noch relativ leicht erschnuppern. Der Geschmack des *Keckeis Gin* ist sehr ausgeprägt; auch im Mund sind Wacholderbeeren, Schalen von Zitrusfrüchten, der offensichtlich omnipräsente Koriander und Blüten leicht erkennbar, obwohl die Aromen dieser Botanicals gut eingebunden sind in ein insgesamt harmonisches Geschmacksbild.

Harald Keckeis in seiner 2002 gegründeten Destillerie, die zu den renommiertesten Österreichs gehört.

Kœnigsegg Le Gin

45,0 %

Markeneigner

Weingut Schloss Halbturn
Parkstraße 4
7131 Halbturn
www.weingut-schlosshalbturn.com

Produktionsstätte

siehe Markeneigner

Ursprungsjahr der Marke

2003

Das Weingut Schloss Halbturn,
in dem seit 2003 Kœnigsegg Le Gin
das Angebot bereichert.

WISSENSWERTES

Bei der Neuausrichtung des traditionsreichen Schloss-Weinguts Anfang der 2000er-Jahre schlug man auch ein ganz neues Kapitel auf: Dem außergewöhnlichen Weinportfolio des Weinguts Schloss Halbturn wurde als Nischenprodukt der *Kœnigsegg Gin* zur Seite gestellt. An dessen Entwicklung hatte das Team gut zwei Jahre gearbeitet, bevor von der Brennmethode bis zum Zusammenspiel der einzelnen Komponenten alles so optimal war, dass es in die Praxis umgesetzt werden konnte. Doch das Ergebnis rechtfertigt den Aufwand: Das Nischenprodukt ist einen Logenplatz wert!

HERSTELLUNG

»Nach der Extraktion wird der Gin in drei Brennvorgängen hergestellt – die Details hierzu sind und bleiben unser Geheimnis.« Mehr über den eigentlichen Herstellungsprozess ist von den Brennern aus der Schlossdestillerie nicht zu erfahren. Ansonsten verraten sie nur noch, dass ihr Gin auf zugekauftem Kornbrand basiert und primär Zutaten aus biologischem Anbau verwendet werden, unter anderem: Wacholderbeeren aus Italien, Ingwer aus Asien, Koriander aus Griechenland, Kümmel aus Deutschland und den Niederlanden, Piment aus Jamaika, Zitronen aus Italien und Spanien sowie Zimt aus Sri Lanka. Das nötige Wasser wird »mondphasengerecht abgefüllt« aus einer Mühlviertler Quelle.

VERKOSTUNG

Im ausgewogenen Duft treffen Wacholderbeeren und erfrischende Zitrusaromen aufeinander, dezent unterstützt von anderen Botanicals, die als harmonische Einheit auftreten. Der Alkoholgehalt von 45 Volumenprozent sticht in der Nase keineswegs, sondern wirkt eher mild. Und das ist am Gaumen nicht anders, auch hier milde Töne, aus denen nur die bereits in der Nase hervorgetretenen Aromen wieder etwas in den Vordergrund rücken; zu den Wacholder- und Zitrusaromen gesellen sich im Mund aber noch sanfte Pimentnoten, Kräuteraromen und ein paar blumige Nuancen.

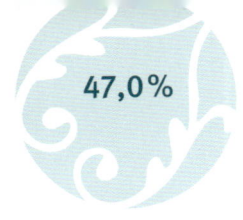

47,0 %

USA

Koval

Markeneigner

Robert Birnecker & Sonat
Birnecker-Hart
c/o Koval Distillery
5121 N Ravenswood Ave
Chicago, IL 60640
www.koval-distillery.com

Produktionsstätte

siehe Markeneigner

Ursprungsjahr der Marke

2013

WISSENSWERTES

Die Koval Distillery wurde 2008 gegründet und war seit Mitte des 19. Jahrhunderts die erste Brennerei in Chicago. Das Gründerpaar Robert und Sonat Birnecker hatte seine akademischen Laufbahnen aufgegeben, um die Brenn-Tradition und die dazugehörigen Techniken von Roberts österreichischem Großvater in den USA wiederzubeleben. Warum die Brennerei den ungewöhnlichen Namen »Koval« bekam, ist schnell erklärt: Koval steht im Jiddischen für »Schmied«, aber auch ein »schwarzes

Die Kothe-Destillieranlage für die Koval Distillery wurde im deutschen Eislingen angefertigt.

Schaf« und jemand, der etwas Unerwartetes plant oder tut, wird so bezeichnet. Sonats Urgroßvater hatte sich den Spitznamen »Koval« eingehandelt, als er im Alter von siebzehn Jahren seine Familie damit überraschte, dass er vorhabe, nach Amerika auszuwandern. Zudem hieß Roberts Großvater, der den Enkel einst das Destillieren gelehrt hatte, mit Familiennamen »Schmid« (wenn auch ohne »e«). Und das alles zusammen waren für die Gründer offenbar Gründe genug, ihrer Destillerie den Namen »Koval« zu geben.

HERSTELLUNG

Bei Koval wird grundsätzlich in kleinen Chargen destilliert und der Rohstoff, sei es für den Whiskey, den Vodka oder eben den Gin, ist stets hundertprozentiges Biogetreide aus dem Mittleren Westen. Und weil die Birneckers außergewöhnlich qualitätsbewusst sind, wird jede Phase der Herstellung penibel überwacht. So kommen auch die 13 Botanicals – unter anderem Wacholder, Hagebutten, Ingwer und Paradieskörner – nur in tadelloser Beschaffenheit in den (späteren) Gin. Destilliert wird übrigens in einer Anlage, die sich Robert und Sonat Birnecker bei der auf Destillationstechnik spezialisierten Firma Kothe im baden-württembergischen Eislingen/Fils beschafft hatten. Der Vollständigkeit halber sei noch erwähnt, dass die Koval Distillery sowohl bio- als auch koscher-zertifiziert ist.

VERKOSTUNG

Wacholder und Wildblumen steigen vom Glas in die Nase, Fenchel gesellt sich dazu, auch der ähnlich riechende Anis steigt in die Duftwolke ein und letztlich »wurzelt« es darin auch noch: Enzian – oder doch Engelwurz? Vielleicht bringt die nächste Riechprobe Klarheit ... Eine ganz feine Süße im Mund erinnert mit ihrem Beigeschmack an Anisdrops, ein leichtes Kräuter-Wurzel-Aroma legt sich auf die Zunge, Kümmel ist zu schmecken, und ein paar leichte Zitrusnoten mischen sich ein. Von dem für Gin eigentlich typischen Wacholder ist allerdings so gut wie nichts zu bemerken.

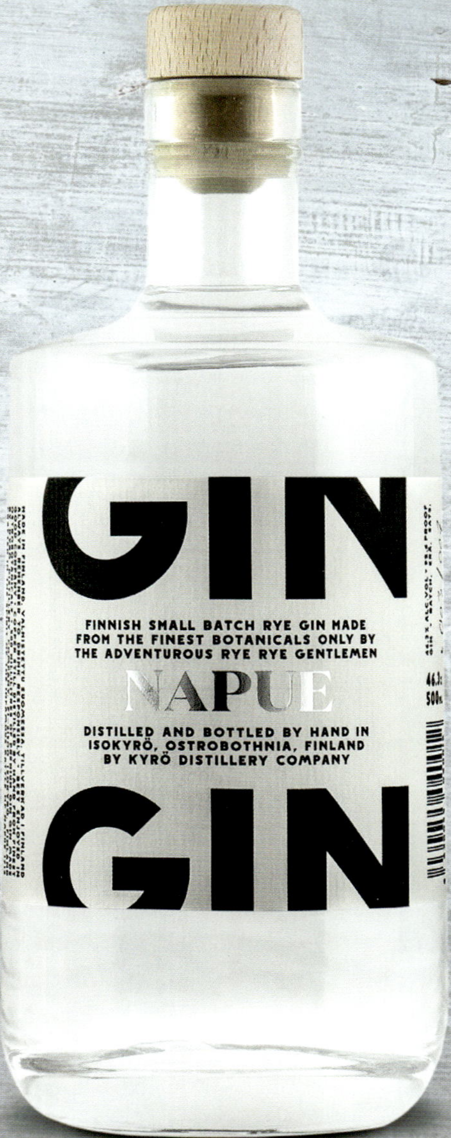

Diese Marke gibt es außerdem noch als:
Kyrö Koskue, *eine ebenfalls auf Roggen basierende Variante, im Holzfass gereift, 42,6 %.*

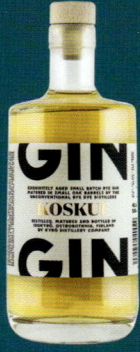

Kyrö

Markeneigner

Kyrö Distillery Company
Oltermannintie 6
61500 Isokyrö
www.kyrodistillery.com

Produktionsstätte

siehe Markeneigner

Ursprungsjahr der Marke

2014

Die heutige Kyrö Distillery war bis zur Übernahme und dem Umbau im Jahr 2012 eine Käsefabrik.

WISSENSWERTES

Die Geschichte der ganz auf Roggen fixierten Kyrö Distillery begann 2012 in der Sauna: Einer der fünf Freunde, die ein Faible für Whisky und Saunieren verbindet, hatte die Idee, wo die geplante Roggenwhisky-Destillerie eingerichtet werden könnte: Da gab es doch die bereits seit fünf Jahren geschlossene, ehemals bekannteste Käsefabrik Finnlands in Isokyrö ... Nachdem die Freunde zwei Jahre »Bauen und Bürokratie« tapfer hinter sich gebracht hatten, konnten die Rye Distillers 2014 endlich das Feuer unter ihren Brennanlagen entzünden. Aus ihren ersten Destillaten machten sie einen Gin! Und dieser ging gleich auf Erfolgskurs: Für die Sorte *Kyrö Napue* gab es bei der »IWSC 2015« Silber und bei der »San Francisco Spirits 2016« Gold. Der *Kyrö Koskue* wurde 2015 auch mit einer Silbermedaille bedacht und im Folgejahr in San Francisco ebenfalls mit einer Medaille aus dem zweitwichtigsten Edelmetall.

HERSTELLUNG

In der weltweit am nördlichsten gelegenen Brennerei von Gin und Whisky wird ganz auf Roggen als Rohstoff gesetzt. Einige wildwachsende Botanicals, die für den Gin gebraucht werden, sammeln die Mitarbeiter auf dem ehemaligen Schlachtfeld von Napue: Birkenblätter, Cranberrys, Mädesüß sowie Sanddorn zum Beispiel. Insgesamt werden zwölf getrocknete und vier frische pflanzliche Zutaten in dem Basisalkohol aus Roggen erneut destilliert und damit (bislang) zwei Sorten *Kyrö Gin* hergestellt.

VERKOSTUNG

Ein süßer Duft nach Pflanzen, der vor allem von Mädesüß aus der Familie der Rosengewächse geprägt ist und einer ganz dezenten Zitrusnote; vollmundig und vielschichtig am Gaumen, wo nach und nach verschiedene Kräuter wahrnehmbar sind und schließlich ein etwas »pfeffriges« Roggenaroma.

Le Gin de Christian Drouin

42,0 %

Markeneigner

Christian Drouin
Route de Trouville
14130 Coudray-Rabut
www.calvados-drouin.com

Produktionsstätte

siehe Markeneigner

Ursprungsjahr der Marke

2016

Firmenchef Guillaume Drouin, Enkel des Gründers, kreierte den Gin dieser Calvados-Brennerei.

WISSENSWERTES

Das Familienunternehmen Drouin im Pays d'Auge, dem »Paradegebiet« der Calvados-Herstellung in der Normandie, wurde in den 1960er-Jahren von Christian Drouin gegründet. Es machte sich mit seinem Calvados *Cœur de Lion* schnell einen großen Namen und gewann zahlreiche Auszeichnungen. Gründer-Enkel Guillaume Drouin, der eine Leidenschaft für die Welt der Aromen und die Kunst des Blendings hat, entschloss sich eines Tages, einen Gin auf Basis von Äpfeln zu kreieren. Die Entwicklung dieses Produktes dauerte allerdings vier Jahre, weil vor allem in die Suche nach passenden Botanicals viel Zeit und Sorgfalt investiert wurde.

HERSTELLUNG

Äpfel aus den eigenen, ökologisch bewirtschafteten Obstgärten sind der Rohstoff, aus dem zunächst der Apfelwein gekeltert wird, aus dem per Destillation das Stammprodukt Calvados – in diesem Fall jedoch der Basisalkohol für einen ungewöhnlichen Gin entsteht. Für dessen Aroma sorgen neben dem Wacholder nur sieben weitere Zutaten: Ingwer, Kardamom, Mandeln, Rosenblüten, Vanille, Zimt und Zitronen. Jede einzelne Zutat wird separat destilliert, in kleinen Chargen werden die in insgesamt drei kleinen Kupfer-→Brennblasen erzeugten Destillate anschließend wieder zusammengeführt. Der Nachteil dieses aufwendigen Herstellungsprozesses: Jede Charge dieses Gins ist auf 2850 Flaschen limitiert, von der jede ihre eigene Nummer auf dem Etikett hat; folglich ist es schwierig, eine dieser (relativ wenigen) Flaschen zu erwerben.

VERKOSTUNG

Rosenblüten und Zitrone bringen zarte Frische in die Nase, ein Hauch von Zimt ist im Duft ebenso auszumachen, auch etwas Mandeln und Vanille; am Gaumen präsentiert sich dieser auf Eau-de-Vie de Cidre fußende Gin körperreich und dezent scharf (Ingwer), er lässt noch etwas von dem destillierten Apfelwein schmecken und ist insgesamt von einer interessanten harmonischen Vielschichtigkeit.

43,0 %

Lebensstern Alpine Gin

Markeneigner

John van Soest c/o
Haromex Development GmbH
Weihersfeld 45
41379 Brüggen, Deutschland
www.haromex.com

Ursprungsjahr der Marke

2016

WISSENSWERTES

Im Berliner Stadtteil Mitte ist im ersten Stock über dem berühmten Café Einstein die »Lebensstern Bar« zu finden. Eigens für diese Kult-Bar, die mehr als 1500 Spirituosen offeriert, wurde in einer deutsch-österreichischen Kooperation der *Lebensstern Dry Gin* entwickelt, von dem es neben der neuesten Variante *Alpine* auch noch die »älteren Brüder« *Pink* und *Garden* gibt.

HERSTELLUNG

Neben Wacholder sind es Kardamom, Zitrusschalen, Alpenkräuter »und mehr«, die diesem Gin das individuelle Aroma geben. Die Botanicals werden in Neutralalkohol, gewonnen aus einer speziellen Getreidemischung, mazeriert und in der Vorarlberger Traditionsbrennerei Freihof zu Gin gebrannt.

VERKOSTUNG

Wie auch schon beim *Dry* steht auch bei dieser leicht bläulichen Variante *Alpine* im insgesamt fast femininen Duft der Wacholder im Vordergrund. Er wird apart eingerahmt von blumigen Tönen und einer dezenten Kräuternote, aus der sich einzelne Botanicals allerdings kaum herausriechen lassen. Auch am Gaumen ist Wacholder noch deutlich erkennbar, aber in einem vollen Körper harmonisch vereint mit den Aromen von typischen Alpenkräutern, Zitrusfrüchten und Holunderblüten.

DEUTSCHLAND

Liebl Bavarian Dry

Markeneigner

Spezialitäten-Brennerei &
Whisky-Destillerie Liebl GmbH
Jahnstraße 11–15
93444 Bad Kötzting
www.brennerei-liebl.de

Produktionsstätte

siehe Markeneigner

Ursprungsjahr der Marke

2013

WISSENSWERTES

Die Geschichte der renommierten Brennerei im oberpfälzi-
schen Bad Kötzting beginnt zwar eigentlich schon 1935 mit der
Eröffnung eines Lebensmittelgeschäfts, das nach dem Krieg
um eine Wein- und Spirituosenhandlung erweitert wurde. Als
Hersteller machten sich die Liebls allerdings erst 1970 einen
Namen, als sie mit Bärwurz und Blutwurz die ersten eigenen
Bayerwald-Spezialitäten auf den Markt brachten. Über die
Grenzen Bayerns hinaus wurde der inzwischen stark erweiterte
Betrieb aber spätestens dann bekannt, als er 2006 den ersten
Single Malt Whisky aus dem Bayerischen Wald destillierte.
Sieben Jahre später plante und realisierte Gerhard Liebl dann
seinen eigenen Gin.

HERSTELLUNG

Neben Wacholder (zum Teil aus den Hochlagen des Bayerischen Waldes) und gängigen Botanicals wie Angelikawurzeln,
Koriander, Piment und Zimt tragen einige weitere speziell aus-

*Geschäftsführer Gerhard Liebl, ein
vielfach ausgezeichneter Destillateur,
probiert sein Gin-Destillat.*

gesuchte Zutaten zum Duft und Geschmack des *Bavarian Dry Gin* bei: Schlehen, Preiselbeeren und Orangenblüten zum Beispiel, auch Hopfenblüten aus der Region Holledau, biologisch angebaute Moro-Blutorangen und Zitronen von den Hängen des Ätna und – sehr wichtig – Lavendel aus der Provence. Wacholder und Kräuter werden getrennt von den Früchten verarbeitet und destilliert. Mazeriert wird in zwei Arten von Alkohol: Neben extrafeinem Neutralalkohol verwendet Gerhard Liebl auch das Gerstenmalzdestillat, das er ansonsten zu seinem Whisky *Coillmór* ausbaut. Destilliert wird besonders langsam und schonend in kupfernen 150-Liter-Brennkesseln: die frischen Destillate werden für eine gewisse Zeit noch in 100 Liter fassenden Behältern aus Ton gelagert und bekommen durch diese oxidative Reifung einen runden, weichen, geschmeidigen Charakter.

VERKOSTUNG

In der Nase sind wuchtige Zitrus-Kopfnoten, Orangenschalen, Zitronengras und Menthol zu riechen, dazu Anis, Zimt und ein Hauch Getreide, der Wacholder hält sich eher im Hintergrund; im Geschmack zeigen sich die Wacholderbeeren schon deutlicher, im kompakten Körper dieses Gins, der von dominanter Frische ist, setzen harzige Noten (Wacholder), Fichtennadeln, Zitrusaromen, Blüten und Eukalyptus Akzente. In einem langen, fülligen Finale, sprich Abgang, punktet dieser Gin noch einmal mit seiner Typizität.

40,0 %

Martin Miller's

Markeneigner

Martin Millers Gin
c/o The Reformed Spiritis Company
Plaza 535, Kings Road
London SW10 0SZ
www.martinmillersgin.com

Produktionsstätte

Langley Distillery
Crosswells Road, Langley Green
Oldbury B68 8HA

Ursprungsjahr der Marke

1999

WISSENSWERTES

Mitte der 1990er-Jahre hatte der vielseitige britische Unternehmer Martin Miller (1946–2013) von den seinerzeit gängigen Gin-Marken die Nase voll: Sie waren ihm nicht interessant genug. Also beschloss er, einen Gin nach seinen Vorstellungen zu kreieren. Der sollte frisch, sanft und klar sein, eine perfekt ausbalancierte Kombination aus erfrischenden Zitrusaromen und würzigen Wacholdernoten. Das nach diesen Vorgaben entwickelte Rezept wurde schließlich 1999 in die Praxis umgesetzt.

HERSTELLUNG

Ein wesentliches, wenn nicht sogar das entscheidende Element in diesem Gin ist das in Island (!) über Jahrhunderte durch Vulkangestein gesickerte Quellwasser, mit dem er auf Trinkstärke gebracht wird. Der zugekaufte Basisalkohol wird aus Getreide gewonnen, als prägende Botanicals werden – in alphabetischer Reihenfolge – Angelikawurzel, Cassiarinde, Iriswurzel, Koriander, Lakritze (Süßholz), Limetten, Muskatnuss, Orangenschalen, Wacholder und Zitrusschalen erwähnt. Diese pflanzlichen Zutaten werden offenbar mazeriert und anschließend destilliert. Dass Martin Miller's kein »London Dry Gin« ist (als der er von einigen Händlern vorgestellt wird), sondern nur ein »Distilled Dry Gin«, liegt wohl daran, dass ihm in geringen Mengen ein Gurkendestillat zugesetzt wird.

VERKOSTUNG

Ein äußerst intensiver, doch weicher Geruch, in dem sich würzig-trockene Wacholder- und frische Zitrusnoten die Waage halten. Im Mund präsentiert sich *Martin Miller's* intensiv und »rund«, er lässt nach und nach (fast) alle Botanicals zur Geltung kommen. Zunächst geben sich die Bitterorangen und die würzig-süße Lakritze zu erkennen, dann die erdigen Noten von Wacholder und Koriander und last but not least die frischen Aromen von Zitronen und Limetten, die für eine gewisse Leichtigkeit sorgen und zum Abgang hin diesen Gin sogar erfrischend dominieren.

43,0 %

Mayfair

Markeneigner

Mayfair Brands Ltd
26 Grosvenor Street
Mayfair, London W1K 4QW
www.mayfairbrands.com

Produktionsstätte

Timbermill Distillery
Thames Distillers Ltd
Timbermill Way, Gauden Road
London SW4 6LY
www.thamesdistillers.co.uk

Ursprungsjahr der Marke

2011

WISSENSWERTES

Der *Mayfair Gin* wird, wie eine Reihe weiterer Marken dieser Gattung, im Auftrag des Eigentümers der Marke in der Timbermill Distillery hergestellt. Die gehört der Thames Distillers Ltd, einem der wenigen verbliebenen unabhängigen Spirituosenunternehmen in London. Es wird behauptet, dass von der Familie des Master Distillers Charles Maxwell gut 300 Jahre lang Gin gebrannt worden sei.

HERSTELLUNG

Neutralsprit aus englischem Getreide wird mit Wacholder und den anderen Botanicals destilliert. Ob die Zutaten Koriandersamen, Angelikawurzel, geriebenes Bohnenkraut und Iriswurzelpulver vor der Destillation in den Alkohol eingelegt, also mazeriert werden, verrät der Hersteller nicht. Dass *Mayfair* »mehrfach destilliert und gefiltert« werde, behaupten zumindest einige Wiederverkäufer. Nachträglich wird diesem Gin weder Zucker noch sonst etwas zugesetzt, daher ist er ein »London Dry Gin«.

VERKOSTUNG

In der Nase steht Wacholder deutlich im Vordergrund, lässt aber noch Raum für verschiedene würzige und blumige Noten. Am Gaumen präsentiert sich der *Mayfair* voll und aromatisch; der Wacholder ist deutlich zu schmecken, der insgesamt kräftig-würzige Geschmack wird durch eine höchst angenehme Restsüße, die sich auf der Zungenspitze bemerkbar macht, etwas abgemildert.

ORANGE

MICHLERS
GIN

SMALL BATCH
HANDCRAFTED

700 ML   44% VOL

Michler^s Orange Gin

44,0 %

Markeneigner

Albert Michler Distillery Int. Ltd
44 Upper Belgrave Road
Bristol BS8 2XN
www.albertmichlerdistillery.com

Produktionsstätte

siehe Markeneigner

Ursprungsjahr der Marke

2015

WISSENSWERTES

Die Albert Michler's Distillery ist eine indirekte Nachfolgerin der anno 1863 von Albert Michler im schlesisch-österreichischen Buchsdorf gegründeten Likörfabrik, die bald schon als Likör-, Rum- und Spiritusfabrik firmierte. Nach dem Zweiten Weltkrieg wurde der Betrieb im englischen Bristol neu aufgenommen. Die Destillerie stellt Rum, Gin, Liköre und Absinth her.

HERSTELLUNG

Orangenschalen, Schwarze Johannisbeeren, Engelwurz, Kardamom, Koriander, Wacholder und wohl noch einige andere Botanicals mehr werden laut Hersteller »in Handarbeit maziert« und insgesamt siebenfach destilliert, was auf ein → kontinuierliches Destillationsverfahren schließen lässt. Basis dieses Gins ist Neutralalkohol aus einer speziellen Getreidemischung.

VERKOSTUNG

Für die Nase ein kräftiger Duft, in dem Wacholder und Orangen dominieren. Am Gaumen ist dieser *Michler's* weich und ungemein vielschichtig. Die Orangen beherrschen zwar den Geschmack, doch sie verdrängen den Wacholder, die Schwarzen Johannisbeeren, die Gewürztöne sowie eine dezente Bitternote (Wermutkraut?) nicht völlig. Einerseits klassischer – andererseits moderner Stil.

39,5 %

MOM

Markeneigner

González Byass S.A.
Calle Manuel Maria González 12
11403 Jerez de la Frontera, Spanien
www.gonzalezbyass.com

Produktionsstätte

Timbermill Distillery
Thames Distillers Ltd
Timbermill Way, Gauden Road
London SW4 6LY
www.thamesdistillers.co.uk

Ursprungsjahr der Marke

2015

WISSENSWERTES

Das Haus González Byass im andalusischen Jerez ist weitum bekannt für seinen Sherry und für seinen Brandy de Jerez. Aber die berühmte Bodega ist noch auf anderen alkoholischen Feldern aktiv, wenn auch nicht als Hersteller, so doch als Initiator und Markeneigner. So ließ González Byass seinem 2008 eingeführten Gin *The London No. 1* (siehe Seite 245) 2015 diesen *MOM* folgen – als Referenz an die britische »Queen Mom«, die den Gin angeblich ja auch sehr geschätzt hat. Zielgruppe sind vor allem junge Frauen, denen ein gewisser Livestyle nachgesagt wird.

HERSTELLUNG

Das vom Markeneigner in Zusammenarbeit mit den Thames Distillers entwickelte Rezept gibt acht Botanicals vor: Wacholder, Koriander, Süßholz, Cranberries, Thymian, Cassiarinde, Engelwurz und Lilienwurzel. Der mit einer Infusion roter Früchte versetzte *Distilled Gin* wird vierfach destilliert.

VERKOSTUNG

In der Nase schwebt etwas Alkohol zwischen zwei ausgeprägten Duftnoten: dem leicht herben Aroma des Wacholders auf der einen und einer Fruchtbonbonnote auf der anderen Seite. Am Gaumen tritt der *MOM* samtweich auf und erzeugt ein imposantes Mundgefühl. Aus dem taucht dann Wacholder und ein fruchtig-süßes Aroma auf; ob eine leichte Bitterkeit, die ebenfalls wahrzunehmen ist, nun als störend oder abrundend empfunden wird, ist letztlich eine Frage des persönlichen Geschmacks.

Mombasa Club

Markeneigner

Unesdi Distribuciones S.A.
Aurora 11
11500 El Puerto de Santa Maria,
Cadiz, Spanien
www.unesdi.com

Produktionsstätte

Timbermill Distillery
Thames Distillers Ltd
Timbermill Way, Gauden Road
London SW4 6LY
www.thamesdistillers.co.uk

Ursprungsjahr der Marke

1888

WISSENSWERTES

Ende des 19. Jahrhunderts entwickelte sich die kenianische Hafenstadt Mombasa zum wichtigsten Hafen und wirtschaftlichen Zentrum Ostafrikas. Hier wurde der erste »Private Social Club«, bald als »Mombasa Club« bekannt, gegründet, in dem ab 1888 ein hauseigener Gin ausgeschenkt wurde. Die Originalrezeptur dieses Gins wurde dann in England wieder in die Praxis umgesetzt.

HERSTELLUNG

Der *Mombasa Club London Dry Gin* entsteht nach wie vor in der traditionellen Batch-Destillation. Das heißt, der Alkohol – in diesem Fall ein Getreidedestillat – wird mit seinen geschmacksgebenden Zutaten mehrfach in Folge destilliert. Neben Wacholderbeeren spielen in diesem Gin Angelikawurzel, Cassiarinde, Koriandersamen, Gewürznelken und Kümmel die aromatischen Hauptrollen.

VERKOSTUNG

Beim intensiven Duft kämpfen Wacholder und Zitrusfrüchte um die Vorherrschaft, doch diese beiden dominierenden Aromen werden bedrängt von kräftigen Gewürznoten, von denen Anis, Kümmel und Gewürznelken die vorherrschenden sind. Auf der Zunge ist zunächst eine leichte Süße erkennbar, dann meldet sich kraftvoll der Wacholder, gefolgt von Zitrustönen und Gewürznoten. Zum Ende hin ist noch etwas Zimt zu schmecken. Im mittellangen, würzigen und ganz leicht bitteren Abgang hinterlassen Wacholder und Zitrusfrüchte ihre deutlichen Spuren.

47,0 %

Monkey 47

Markeneigner

Alexander Stein
c/o Black Forest Distillers GmbH
Oberwiesachstraße 3
72290 Loßburg-Betzweiler

Produktionsstätte

Destillerie Zum wilden Affen
Schaberhof
72290 Loßburg-24 Höfe

Ursprungsjahr der Marke

2010

*Seit 2013 wird im Schaberhof in
der Destillerie »Zum wilden Affen«
der* Monkey 47 *hergestellt.*

WISSENSWERTES

Die Frage drängt sich auf: Wie kommt ein Gin aus dem Schwarzwald zu dem kuriosen Markennamen *Monkey 47*? Nun, 2006 erfuhr Alexander Stein, Spross der Weinbranddynastie Jacobi und seinerzeit Nokia-Manager, von einem außergewöhnlichen Gin-Rezept. Dieses hatte ein britischer Offizier namens Montgomery »Monty« Collins entwickelt, der zunächst in der Verwaltung des britischen Sektors von Berlin eingesetzt gewesen war, sich dort besonders für den Wiederaufbau des Zoos eingesetzt und im Rahmen dieses Engagements die Patenschaft für einen Java-Affen namens Max übernommen hatte. Nachdem Monty Collins 1951 aus der Royal Air Force ausgeschieden war, ließ er sich im nördlichen Schwarzwald nieder und eröffnete dort einen Landgasthof, den er – in Erinnerung an sein tierisches Patenkind – »Zum wilden Affen« nannte. Und weil er auch in Old Germany nicht auf den gewohnten Gin verzichten wollte, stellte er aus den im Schwarzwald erhältlichen, vorwiegend regionalen Zutaten eben seinen eigenen Gin zusammen. Das genaue Rezept wurde, zusammen mit persönlichen Notizen und Fotos sowie einer Flasche *Max the Monkey – Schwarzwald Dry Gin* um die Jahrtausendwende

beim Renovieren eines Landgasthofes entdeckt. Dieser Fund bewog Alexander Stein, den Beruf zu wechseln und die Black Forest Distillers GmbH zu gründen. Und weil deren wiederbelebter Gin 47 Botanicals enthält, bekam er den Namen *Monkey 47* – und wird zudem mit 47 Volumenprozent abgefüllt.

HERSTELLUNG

Gut ein Drittel der Zutaten stammt aus dem Schwarzwald und gehört nicht zu den typischen Gin-Botanicals, so zum Beispiel Fichtensprossen, Brombeerblätter, Holunderblüten und Schlehen. Die prägendste der regionalen Zutaten dürfte aber die Preiselbeere sein, die dem Gin das gewisse Etwas gibt: die leichte Süße, die erfrischende Säure und eine nachhaltige Bitternote. Die Herstellung ist eine überaus aufwendige Angelegenheit in vier Phasen: Zunächst werden einige der pflanzlichen Zutaten in einem Gemisch aus Melasse-Ethylalkohol und Quellwasser mazeriert, andere hingegen werden in frischem Zustand destilliert. Der ersten Destillation folgt die Perkolation (eine Dampfextraktion). Das Destillat muss danach noch drei Monate in Steingutgefäßen oxidativ reifen und wird schließlich mit extrem weichem Quellwasser auf seine Trinkstärke von 47 % vol gebracht.

VERKOSTUNG

Das ungemein komplexe Bouquet verheißt viel Arbeit für die Nase. Wacholder, verschiedenerlei Beeren und Zitrusnoten lassen sich zuerst erkennen, dann tauchen Kräuternoten auf, und Wacholder gibt seine verschiedenen Duftnoten frei. Der Alkohol hat, obwohl mit 47 % vol in diesem Gin sehr gut vertreten, keine Chance, in diesem üppigen Duftstrauß sein typisches Aroma ausreichend präsentieren zu können. Auch am Gaumen zeigt der *Monkey 47*, was in ihm steckt. Der deutliche, aber keineswegs dominierende Wacholdergeschmack lässt Raum genug für die subtilen, sanft-bitteren Fruchtnoten der Preiselbeeren, für die erfrischenden Zitrusfrüchte, für die lieblichen Aromen von Blüten und auch für eine aparte Pfeffernote. Das alles – und mehr – ist überaus harmonisch vereint.

....

Diese Marke gibt es außerdem noch als:

Monkey 47 Schwarzwald Sloe Gin,
die 2012 präsentierte Likörversion mit 29 %.

42,0 %

Naked Gin

Markeneigner

Bonner Manufaktur UG
Martin-Legros-Straße 18
53123 Bonn
www.bonner-manufaktur.de

Produktionsstätte

siehe Markeneigner

Ursprungsjahr der Marke

2015

WISSENSWERTES

Daniel Warracz, Gründer der Bonner Manufaktur, trug den Gedanken an einen eigenen Gin 15 Jahre lang in seinem Kopf herum. Auslöser dafür war seine schwedische Großmutter gewesen, die zu besonderen Anlässen am liebsten Gin & Tonic trank und von der Familie deshalb den Spitznamen »Queen Mum« bekommen hatte. Diese Erinnerung, seine Leidenschaft für Gin und der Wunsch, in Handarbeit etwas Eigenes zu schaffen, bildeten schließlich das Fundament für den *Naked Gin*.

HERSTELLUNG

Wacholderbeeren aus Italien werden vor der Verarbeitung zwei Jahre lang aufwendig auf Bastmatten getrocknet. Mit Lavendel aus der Provence und getrockneten Schlehen ist das Trio der wichtigsten Botanicals komplett; Ingwer und sonnengetrockneter schwarzer Pfeffer runden die Aromen noch ab. Destilliert wird vierfach in einem über hundert Jahre alten → Alambic.

VERKOSTUNG

Im Duft die ausgeprägte Sortencharakteristik: Wacholder, frische Zitrusnoten, blumige Töne, Minze, Ingwer, ein Hauch Dill, Kardamom, Ingwer. Im Mund die (eigentlich) Gin-typische Wacholderbasis, eine feine, an Marmelade erinnernde Süße, erdig-wurzelige Noten und reichlich Zitrustöne – das alles in einem dichten Körper; der sehr harmonische Abgang dieses Gins hält lange an.

nginious

Markeneigner

Oliver Ullrich
Ullrich & Co.
Huebacher 13b
8153 Rümlang
www.nginious.ch

Produktionsstätte

Brennerei Oliver Ullrich
Aktienmühle, Gärtnerstraße 46
4057 Basel
www.liquid-spirit.ch

Ursprungsjahr der Marke

2014

WISSENSWERTES

Oliver Ullrich und Ralph Villiger wollten ursprünglich eigentlich nur einen Schweizer Gin auf höchstem Niveau schaffen. Das gelang ihnen mit dem *nginious Swiss Blended Gin* zwar vorzüglich, aber damit hatten sie auch eine Tür aufgestoßen: Nach dem gelungenen Start ging es den Kreativen nun darum, eine »überstrapazierte Spirituose« neu zu interpretieren. So folgte auf den *nginious Swiss Blended* ein im Vermouthfass gereifter Gin, dann der *Summer Gin* und schließlich der *Smoked & Salted*.

HERSTELLUNG

Wie alle *nginious*-Varianten wird auch diese ursprüngliche im Blending-Verfahren hergestellt. Das bedeutet, dass alle Botanicals zuerst in Gruppen eingeteilt und anschließend gruppenweise mazeriert und destilliert werden. Prägende Botanicals beim *Swiss Blended* sind Galgant, Goldmelisse, frische Grapefruit, Heublumen, Kamille und Kardamom. Die verschiedenen, nur in kleinen Chargen *(small batches)* erzeugten Destillate werden dann zum Endprodukt vermischt (engl. *blended*).

VERKOSTUNG

In der Nase Kräuter, fruchtige Akzente, Pinienduft und etwas Schärfe. Im Mund ein sehr komplexer Auftritt mit sanften Wacholdernoten, leicht süßlichen und holzigen Pinienaromen, Zitrus, Blüten und Gewürzen sowie warmen Ingwer-, Süßholz- und Kardamom-Akzenten, außerdem ist noch ein Hauch von brotartiger Süße wahrzunehmen; im langen, floralen und trockenen Abgang erscheinen auch Wacholder und Gewürze.

So wird es ein guter Drink: ein hochwertiger Gin, ein passendes Glas, Eis und »Farbe« per Garnitur.

Diese Marke gibt es außerdem noch als: **nginious Cocchi Vermouth Cask Finish Gin** *mit leichter Süße und zarten Bitternoten, 43,0 %,* **nginious Summer Gin,** *eine leichte, fruchtig-florale Alternative zum Swiss Blended, 42,0 %, sowie* **nginious Smoked & Salted Gin,** *mit interessanten Rauchnoten und würzigen Aromen versehen, 42,0 %.*

Nº3 London Dry Gin

Markeneigner

Berry Bros & Rudd
St James's Street
London SW1A 1EG, Großbritannien
www.bbr.com

Produktionsstätte

Familienbrennerei in Schiedam,
Niederlande,
keine nähere Angabe

Ursprungsjahr der Marke

2010

WISSENSWERTES

Die Bezeichnung *Nº3* könnte vermuten lassen, dieser London Dry Gin sei bereits der dritte Gin des Markeneigners. Ein Trugschluss – es ist eine Hausnummer in der Londoner St James Street, genauer: die Adresse des Traditionsunternehmens Berry Bros & Rudd. Dieses 1698 gegründete Handelshaus ist zwar auf Wein spezialisiert, offeriert aber auch Spirituosen wie zum Beispiel den berühmten *Scotch Single Malt Whisky Glenrothes*. Den verbindet mit dem *Nº3 London Dry Gin* eines: Zwar sind Berry Bros & Rudd die Eigentümer der Marke, aber nicht die Hersteller. Wo dieser Gin seit 2010 erzeugt wird, ist zwar zu erfahren, aber nicht, von wem. Und da es in der »Genever-Hochburg« Schiedam eine ganze Reihe von Familienbrennereien gibt, die Genever und natürlich auch dessen weitaus gefragterer Nachfolger Gin destillieren, bleibt der Name des Herstellers wohl ein Geheimnis.

HERSTELLUNG

Die Zahl 3 kommt auch im Gin selbst vor, zweimal sogar. Drei Botanicals bringen Zitrusnoten ein: die Schalen von süßen spanischen Orangen, Grapefruit und marokkanischer Koriander; drei weitere sind für die typische Geschmacksbasis zuständig: Wacholder, Angelikawurzel und Kardamom. Diese sechs Zutaten werden in der → Pot Still in einer Mischung aus Getreidealkohol und demineralisiertem Wasser eingeweicht und, wenn sie lange genug gezogen haben, destilliert. Der → Mittellauf macht nach Angaben des Markeneigners 55 bis 60 Prozent des Destillats aus – und nur er wird zum Gin.

VERKOSTUNG

Der Wacholder prägt auf angenehme Weise den frischen klaren Duft. Auch im Geschmack geht diese Pflichtbeere voran und wird dabei unterstützt von floralen Akzenten, würzig-warmem Kardamom, einer kräftigen, frischen Zitrusnote und der ingwer-ähnlichen Würze des Korianders. Im Abgang lässt sich schließlich noch die Angelikawurzel mit ihrem erdigen und trockenen Charakter erkennen.

Nº 209 Gin

Markeneigner

Familie Rudd
c/o Rudd Oakville Estate Winery
500 Oakville Cross Road
Oakville, CA 94562

Produktionsstätte

Distillery No. 209
Pier 50 Shed B
Terry A. Francois Blvd., Mailbox 9
San Francisco, CA 94158
www.distillery209.com

Ursprungsjahr der Marke

2005

WISSENSWERTES

Der Name blieb, der Standort wechselte: Als »Distillery Nº 209« bezeichnete William Scheffler die Brennerei (mit der Lizenznummer 209), die er auf seinem 1880 erworbenen Weingut Edge Hill Estate im Napa Valley einrichtete. Weingut und Brennerei kamen später in den Besitz der Familie Rudd, und die sah Bedarf für eine neue Destillerie. Dafür wurde ein Lager auf Pier 50 der San Francisco Bay zur Brennerei umgebaut – zur vermutlich einzigen, die direkt über dem Wasser des Meeres steht.

HERSTELLUNG

Das genaue Rezept ist natürlich geheim. Der interessierte Kunde erfährt aber immerhin, dass »fast ein Dutzend« Botanicals von vier Kontinenten verwendet werde, unter anderem Wacholder aus Kalabrien, Bergamotte, Orangen- und Zitronenschalen, Cassiarinde, Kardamom, Angelikawurzel und Koriander. Für die alkoholische Basis wird Mais aus dem Mittleren Westen in Brennsäulen vierfach destilliert. In diesem Alkohol werden die Botanicals über Nacht mazeriert und anschließend in einem langsamen, elf Stunden dauernden Prozess in einer klassischen → Pot Still destilliert.

VERKOSTUNG

Ein Hauch von Schärfe in der Nase wird wunderschön abgerundet durch ein apartes Zitrusaroma und feine blumige Noten; der Wacholder hält sich im Duft sehr zurück. Am Gaumen sind zuerst deutliche Zitrusnoten wahrnehmbar: Zitrone, dann ein Hauch Orange. Wenn sich die Probe im Mund erwärmt, zeigen sich nach und nach Koriander und Bergamotte, der Kardamom mit pfeffriger Wärme und der Wacholder. Cassiarinde setzt zusammen mit warmen Gewürztönen den Schlusspunkt.

STERED DISTILLERY Nº

*Die ursprüngliche Distillery Nº 209
auf dem Weingut Edge Hill Estate
von William Scheffler.*

Das Destillierhaus von Urs und Patricia Streuli, der fünften Generation auf diesem Hof in der Rietwies.

43,0%

Noble White

Markeneigner

Patrick Kolb & Sinje Stockrahm
Dammstraße 4
8810 Horgen

Produktionsstätte

Streuli's Privatbrennerei
Rietwiesstraße 139
8810 Horgen
www.streulis.ch

Ursprungsjahr der Marke

2015

WISSENSWERTES

Selbst in englischsprachigen Texten wird die Alpenblume *Leontopodium alpinum* mit ihrem deutschen, also ursprünglichen Namen genannt: Edelweiß. Was immer den Markeneigner (oder den Hersteller) dazu gebracht hat, den Namen dieser offenbar wichtigen Zutat für seinen Gin wörtlich mit *Noble White* zu übersetzen, der Gedanke war gut. Denn wer durch den Markennamen auf das Edelweiß kommt und sich daraufhin näher mit diesem befasst, erfährt quasi nebenbei, dass diese Blume auch wegen ihrer entzündungshemmenden, antibakteriellen und antioxidativen Eigenschaften geschätzt wird.

HERSTELLUNG

Eine »geheime Alpenkräutermischung« prägt gemeinsam mit Wacholder, Zitronenschalen, Koriander, Süßholz und Edelweiß diesen Gin, der auf hochwertigem Bioalkohol basiert. In der Brennerei von Urs Streuli werden die Zutaten in einem der ältesten — »Brennhäfen« der Schweiz sorgsam zu einem Gin der Sorte »London Dry« destilliert und mit reinem Wasser aus den Alpen auf Trinkstärke gebracht.

VERKOSTUNG

Frische, blumige Note in der Nase, dezent, aber spürbar untermalt vom Wacholder; am Gaumen bilden Wacholder und Zitrusfrüchte ein dominierendes Duo, das von blumigen Tönen prima unterstützt wird. Beim Abgang hält sich der Wacholder noch eine Weile, ebenso eine mäßig süße, blumige Note.

43,0 %

Ojo de Agua

1. Markeneigner

Paul Ullrich AG
Aliothstraße 40
4142 Münchenstein
www.ullrich.ch

2. Markeneigner

Matter-Luginbühl AG
Unterer Dammweg 2
3283 Kallnach
www.matter-spirits.ch

Produktionsstätte

siehe 2. Markeneigner

Ursprungsjahr der Marke

2015

WISSENSWERTES

Dieter Meier, Künstler, Musiker und Unternehmer, stellt im argentinischen Mendoza schon seit mehr als zehn Jahren biologische Weine der Spitzenklasse her. Zusammen mit dem Brenner Oliver Matter und der Paul Ullrich AG entwickelte er einen Gin, der geprägt ist von Zutaten aus Argentinien und 2015 in der Schweiz auf den Markt kam. Das spanische *Ojo de Agua*, wie auch die Farm von Dieter Meier in Mendoza heißt, steht wörtlich übersetzt übrigens für »Wasserauge«.

HERSTELLUNG

Neben Wacholder geben Angelikawurzel, Koriander, Lavendel, Mate, Orangenschalen, Rosmarin und Zitronenschalen »sowie weitere Gewürze« ihre Aromen in einer 24 Stunden dauernden → Mazeration an den Getreidealkohol ab. Das Mazerat wird im → Brennhafen auf 35 % vol reduziert und anschließend destilliert. Der zweite Brand wird auf 40 % vol reduziert und erneut gebrannt. Bei dieser letzten Destillation wird der → Mittellauf mit rund 82 % vol abgetrennt. Dieses Herzstück alleine bildet noch nicht den fertigen Gin: Es wird noch mit einem Destillat aus Dieter Meiers Malbec-Wein sowie mit einem Brombeergeist aus Biobeeren der Ojo de Agua Farm verfeinert, nach einer angemessenen Lagerzeit auf 43 % vol Alkoholgehalt herabgesetzt und zum Schluss kältefiltriert.

VERKOSTUNG

Blumige und Zitrusnoten registriert die Nase zuerst, dann treten auch Koriander (deutlich), Mate und ein Hauch von Lavendel zutage. Vom Wacholder ist nur wenig zu riechen, dafür sorgt eine gewisse Schärfe für »Frische und Volumen in der Nase«. Auf der Zunge tritt zuerst ein harmonisches Aromenquartett von Orangenschalen, Koriander, Lavendel und Mate auf, dann kommen pfeffrige Aromen ins Spiel sowie frische Zitronentöne, den Schlussakkord spielt schließlich der Wacholder. Das Spiel am Gaumen nimmt ein angenehm trockenes Ende, das mittellange »Echo« ist noch trockener.

Der Künstler Dieter Meier (Foto)
entwickelte mit dem Destillateur
Oliver Matter den Ojo de Agua.

42,5/ 40,0% GB

Opihr

Markeneigner

Quintessential Brands
Floor 3, 3/4a Little Portland Street
London W1W 7JB
www.quintessentialbrands.com

Produktionsstätte

G&J Distillers
Melbury Park, Clayton Road
Warrington Cheshire WA3 6PH
www.gjdistillers.com

Ursprungsjahr der Marke

2013

Die → Pot Still in der Brennerei von G&J Distillers, in denen auch der Opihr Gin destilliert wird.

WISSENSWERTES

Ophir (oder Ofir) soll zu Zeiten von König Salomo ein dank Gold und Gewürzen sagenhaft reiches Land gewesen sein, von dem heute vermutet wird, dass es an der Gewürzstraße lag, die mehr als 2000 Jahre lang den Fernen Osten mit der westlichen Welt verband. Der Gin namens *Ophir* hat einen Bezug zur Historie Englands, denn ein Teil der Botanicals kommt aus ehemaligen Kolonien dieses Landes, von denen die eine und andere wohl – wie auch Ophir – an der Gewürzstraße lag. Jedenfalls gab es für den Gin auch schon Gold, zum Beispiel 2015 bei der »World Spirits Competition« in San Francisco.

HERSTELLUNG

Die Botanicals – darunter Kubebenpfeffer aus Indonesien, schwarzer Pfeffer aus Indien und Koriander aus Marokko – werden in der → Brennblase in eine Mischung aus Getreidealkohol und Wasser aus den Vorbergen der Cheshire Plain eingelegt und mazeriert. Dieses → Mazerat wird nach ausreichender Zeit des Ziehens (Auslaugens) erhitzt, die Flüssigkeit verdampft, der Dampf (in dem Alkohol, essenzielle Öle und Aromen aus den Botanicals enthalten sind) wird heruntergekühlt, kondensiert und gesammelt – einfacher gesagt: Das Mazerat wird destilliert und der → Mittellauf des Destillats wird zum Gin.

VERKOSTUNG

Ein kräftiger, ungemein würziger Duft steigt in die Nase: Wacholder voran, gefolgt von Pfeffer, auch ein Hauch Zimt ist auszumachen, ebenso Zitrusnoten und Koriander. Im Mund ist der *Ophir* weich und zeigt ein harmonisches Zusammenspiel verschiedener Aromen: Zitrone, Wacholder, Pfeffer, Koriander. Im anhaltenden würzigen Abgang setzt sich die weiche pfeffrige Note durch.

ÖSTERREICH

Organic Premium Gin

Markeneigner

Mag. Josef Farthofer
Öhling 35
3362 Öhling
www.destillerie-farthofer.at

Produktionsstätte

Destillerie Farthofer
Adresse siehe Markeneigner

Ursprungsjahr der Marke

2011

WISSENSWERTES

Josef Farthofer, der 2003 die → Abfindungsbrennerei seiner Eltern zu einer → Verschlussbrennerei machte und seit 2008 gemeinsam mit seiner Frau Doris das Familienunternehmen aus Landwirtschaft und Brennerei in fünfter Generation führt, ist der »Bionier« unter Österreichs Brennern. Der Begriff »Bio« ist für das Paar nicht auf die Wahl der Rohstoffe beschränkt, sondern umfasst den gesamten Produktionsprozess. So wird die Brennerei energieautark mit selbst angebautem Elefantengras *(Miscanthus)* beheizt, und die Abwärme wird ins Gemeindenetz eingespeist, aus dem Schule, Kindergarten und Feuerwehr versorgt werden; der beim Brennen zurückgeblie-

bene (feste) Rückstand aus der vergorenen → Maische, Schlempe genannt, dient als Dünger für das eigene Biogetreide, und der gesamte Betrieb bezieht – natürlich – Ökostrom. So ist es denn nicht weiter verwunderlich, dass in der für vielerlei Edelbrände und Liköre bekannten Destillerie Farthofer auch die »O-Serie« (»O« für Organic) hergestellt wird. Sie besteht aus Wodka, Rum und eben diesem hier vorgestellten *Organic Premium Gin*.

HERSTELLUNG

Der »O-Gin«, wie er kurz genannt wird, fußt auf einem Bio-weizendestillat und enthält zwei Dutzend Botanicals. Weil der Hersteller Wert auf eine erfrischende Note legt, verwendet er auch Zitronen- und Orangenschalen. Deren Zitrusnote harmoniert mit Wacholder und Koriander, einen feinen Gewürzton bringt schließlich der Kubebenpfeffer ein, und auch Lavendel ist mit im Spiel. Die Botanicals werden mehrere Tage im Weizendestillat mazeriert und anschließend destilliert. Das hochprozentige Destillat lagert bis zu einem Jahr im Edelstahl-behälter, damit sich seine Aromen zu einer harmonischen Einheit verbinden können. Mit Urgesteinswasser aus der eigenen Quelle im Mühlviertel wird das ausgereifte Destillat zum bio-, vegan- und koscher-zertifizierten *Organic Premium Gin* vermählt.

VERKOSTUNG

Im feinen Duftgemisch kann die Nase einen Hauch von Zitrusfrüchten wahrnehmen, auch Koriander und Wacholder drängen sich mit ihren Aromen ein wenig nach vorn. Am Gaumen beeindruckt dieser *O-Gin* mit einer milden Würze und vor allem mit einem finessenreichen Spiel von Wacholder- und Orangenaromen, das einen erfrischenden und fruchtigen Eindruck hinterlässt und im Finale, sprich: im Abgang, noch mit einer zarten Säure und einer delikaten Schärfe aufwartet.

Das biologisch orientierte Ehepaar Farthofer beim Verkosten seines Organic Premium Gins.

PALATINUS

Dry Gin

LIMITED EDITION

FLASCHE № 81 / 200

NORDPFÄLZER EDELOBST & WHISKYDESTILLE B.HÖNING
SCHULSTRASSE 20B · D-67722 WINNWEILER
Tel. 0 63 02 - 98 37 19

L-0102

0,5 l   47 % vol.

47,0 %

Palatinus Dry Gin

Markeneigner

Nordpfälzer Edelobst- &
Whiskydestillerie Höning
Schulstraße 20b
67722 Winnweiler
www.nordpfalz-brennerei.de

Produktionsstätte

siehe Markeneigner

Ursprungsjahr der Marke

2012

Christiane und Bernhard Höning in
ihrer Edelobst- und Whiskybrennerei,
aus der auch der Palatinus Dry Gin
kommt.

WISSENSWERTES

Einen »echten Pfälzer Gin« zu kreieren, war Bernhard Hönings
Ziel. Also suchte sich der Brenner, der bereits mit Edelobst-
bränden und Pfälzer Whisky reüssiert hat, neben den traditionellen Gin-Zutaten noch heimische Botanicals aus. Für
geschichtsbewusste Lateinkundige ist aber auch der Markenname schon ein Hinweis: *Palatinus* bedeutet im Lateinischen
»zur kaiserlichen Pfalz gehörend«. Der Ende 2011 erstmals
gebrannte *Palatinus Dry Gin* war 2012 kaum auf dem Markt,
da wurde er bereits von der Landwirtschaftskammer Rhein-
land-Pfalz mit der »Goldenen Kammerpreismünze« bedacht.

HERSTELLUNG

Um die 50 Botanicals sind für das individuelle Aroma dieses
Pfälzer Dry Gins verantwortlich. Neben traditionellen Zutaten
wie Wacholder, Koriander, Zitrusfrüchten und Lavendel
trägt auch Heimisches wie Brennnesseln und Brombeerblüten,
Holunderblüten, Hopfen und Waldmeister dazu bei. Das halbe
Hundert pflanzlicher Zutaten wird in Gerstenmalzdestillat
eigener Herstellung (aus der Whisky-Brennerei) über mehrere
Stunden mazeriert und anschließend ohne Verstärker destilliert. Das bedeutet, dass die → Brennblase nicht mit den
als »Verstärkereinheit« bezeichneten zwei Bauteilen ausgestattet ist, die es ermöglichen, in nur einem Brennvorgang ein
Destillat mit hohem Alkoholgehalt zu gewinnen, was sonst
nur mit zwei- oder dreimaligem Brennen möglich ist.

VERKOSTUNG

In der Nase haut der Wacholder auf die Pauke, kann allerdings
die Aromen von Zitrusfrüchten nicht ganz übertönen. Am
Gaumen allerdings dominiert der Wacholder den kraftvollen
komplexen Geschmack, der trotz der strammen 47 % Alkoholgehalt keineswegs beißend ist; aber auch Lavendel und
verschiedene Kräuter (Salbei? Brennnessel?) sind bei der Gau-
menprobe noch auszumachen. Und schließlich bringt ein
langes »Echo« beim Abgang auch noch zarte blumige Noten
zum Vorschein.

Pink 47

Markeneigner

Old St Andrews Ltd
153 Main Rd, Biggin Hill
Westerham TN16 3JP
www.osawhisky.com

Produktionsstätte

G&J Distillers
Melbury Park, Clayton Road
Warrington Cheshire WA3 6PH
www.gjdistillers.com

Ursprungsjahr der Marke

2007

WISSENSWERTES

Die Old St Andrews Ltd machte sich in der Vergangenheit vor allem mit dem *Blending* von Whiskys einen Namen, erweiterte ihr Portfolio ab 2007 aber um Gin und Wodka. Die Firma ist zwar Eigner verschiedener Marken (so auch des *Pink 47*), lässt diese aber im Auftrag extern herstellen – ihren Gin zum Beispiel von den renommierten G&J Distillers. Und in deren Destillerie hat Joanne Simcock die Oberaufsicht. Dass die einzige Frau, die in England in dieser Position tätig ist, ihr Handwerk perfekt beherrscht, zeigt sich unter anderem an den mittlerweile 18 Auszeichnungen für den *Pink 47*.

HERSTELLUNG

Der Basisalkohol aus Weizen ist dreifach destilliert auf 96 % vol. Dieses Destillat, das einen Anteil von 42,72 Prozent an der Gesamtmenge hat, wird mit einem 53-Prozent-Anteil an demineralisiertem Wasser vermischt, und in dieser Mischung werden die Botanicals (4,28 Prozent Anteil) mazeriert: Wacholderbeeren, Koriandersamen, Cassiarinde, Muskat, Mandeln, Angelika- und Iriswurzel, Süßholzwurzeln, Orangen- und Zitronenschalen. Das → Mazerat wird in einer → Pot Still unter idealen Bedingungen sorgsam destilliert, das Destillat mit besonders reinem Wasser von seinen 70 % vol auf die Trinkstärke von 47 % vol herabgesetzt und mehrfach gefiltert.

VERKOSTUNG

Der kräftige Wacholderduft lässt einen Hauch Koriander und Kräuter durchschimmern, auch Minzenoten, Zitrusfrüchte und Blüten sind mit der Nase wahrnehmbar. Am Gaumen wirkt dieser Gin »schlanker« als erwartet. Der Wacholder beherrscht das Feld, später machen sich die Aromen von Angelikawurzel, Muskat und Bitterorangen bemerkbar – etwas kurz, wenngleich durchaus kraftvoll, bedingt durch den relativ hohen Gehalt an Alkohol, der bekanntlich ein Geschmacksträger ist. Auch das vorwiegend warme, trockene Finish, in dem noch leichte Kräuternoten wahrnehmbar sind, ist (leider) etwas kurz geraten.

Ein harmonisches Duett: Pink 47 London Dry Gin *und die Zigarre* Vasco da Gama *von Arnold André.*

Plymouth

41,2 %

Markeneigner

Pernod Ricard SA
12, place des Etats-Unis
75783 Paris Cedex-16, Frankreich
www.pernod-ricard.com

Produktionsstätte

Black Friars Distillery
60 Southside Street
Plymouth PL1 2LQ

Ursprungsjahr der Marke

1793

WISSENSWERTES

Die 1679 gegründete Black Friars Distillery (Englands älteste noch in Betrieb befindliche Brennerei) stellte 1793 erstmals Gin her. Sie wurde bis 2004 von dem Unternehmen Coates & Co. geführt und dann von der schwedischen V&S-Gruppe übernommen. Diese verkaufte Brennerei und Marke dann vier Jahre später an den französischen Spirituosenkonzern Pernod Ricard. »Plymouth« ist einerseits ein Markenname, andererseits auch eine geschützte Herkunftsbezeichnung und steht mittlerweile zudem für einen Gin-Typ, der eine gewisse Süße aufweist. Die Marke *Plymouth Gin* taucht übrigens schon in dem 1896 erschienenen Buch *Stuart's fancy drinks and how to mix them* als Martini-Basis auf.

HERSTELLUNG

Die Basis dieses Gins ist ein Destillat aus englischem Weizen. In diesem Alkohol werden sieben Botanicals mazeriert: Angelika- und Iriswurzel stellen im → Mazerat die Mehrheit, dazu kommen noch süße Orangen, Wacholder, Kardamom, Koriander und Angelikasamen. Auf bittere Zutaten wie etwa Paradieskörner oder Bittermandeln wird bewusst verzichtet. Das Mazerat wird destilliert und dem Destillat anschließend nichts mehr zugesetzt – der *Plymouth* entspricht also einem »London Dry Gin«. Auf seine originale Trinkstärke von 41,2 % vol wird dieser Gin ausschließlich mit Wasser aus dem Dartmoor National Park gebracht, das für diesen Zweck von idealer Beschaffenheit ist.

VERKOSTUNG

Milder, fruchtiger Duft mit deutlichen Zitrusnoten; Wacholder, Koriander und Kardamom hingegen treten in der Nase eher zurückhaltend auf. Am Gaumen ist dieser Gin sehr weich, nahezu cremig. Die Orange lässt eine feine Süße schmecken, auch der Wacholder macht sich bemerkbar, allerdings nicht gerade kräftig. Am Ende des Tastings sind auch noch Getreidenoten (vom Basisalkohol) zu erkennen, und die bleiben auch im erfreulich langen Abgang erhalten.

45,0 %

Puro Juniperus № 5

Markeneigner

Brennerei Stalder
Langeziel
6353 Weggis
www.brennereistalder.ch

Produktionsstätte

siehe Markeneigner

Ursprungsjahr der Marke

2015

Regula »Regi« und Xaver »Veri«
Stalder in ihrer Brennerei in Weggis
im Schweizer Kanton Luzern.

WISSENSWERTES

Fünf Freunde aus der Zentralschweiz haben eine gemeinsame Leidenschaft: das Schnapsbrennen. Das taten sie zuerst heimlich, nachts und nur für den Eigenbedarf. Sie waren Schwarzbrenner und hatten den »Moonshiners Club« gegründet. Mit dem illegalen Treiben war allerdings Schluss, als das Quintett von einer Irland-Reise zurückkehrte: Im Westen der »Grünen Insel« hatten sie den legendären Gin-Brenner Brendan kennengelernt, der hatte ihnen gesagt, was in einen guten Gin gehört und wie der zu machen sei – und den Schwarzbrennern schließlich auch sein Rezept mit-gegeben: »Macht was Feines draus!« Das wollten die fünf Freunde aber doch lieber einem professionellen Brenner über-lassen, der auch die Genehmigung dazu hat. Folglich stellt Brennmeister Stalder den *Puro Juniperus № 5* her.

HERSTELLUNG

Das Rezept bleibe geheim, das hatten die »Erben« dem alten Brendan versprochen. Und folglich verrät auch Brennmeister Stalder die Botanicals nicht und über die Herstellung dieses »ehrlichen« Gins, »der ohne exzentrische Aromen auskommt«, auch nur, dass »die Kräuter« in einem Korb über dem Alkohol in der → Brennblase aufgehängt werden, damit der beim Destillieren aufsteigende Dampf die Aromen der (offenbar wenigen) Botanicals mitnehmen kann. Der *Puro Juniperus № 5* wird lediglich zweimal im Jahr und nur in sehr kleinen Mengen gebrannt, er ist also durchaus als Rarität zu bezeichnen.

VERKOSTUNG

Keine »exzentrischen Aromen«? Stimmt – schon in der Nase fast nur Wacholder, dazu ein paar florale Noten und ein Hauch von Zitrus. Auch am Gaumen Wacholder, Wacholder – aber gut abgerundet mit ein paar fruchtigen Aromen. Könnte auch als (vorzüglicher) Wacholderschnaps durchgehen ...

PURO JUNIPERUS

N°5

HIGH-END DRY GIN

«MOONSHINERS-CLUB-CUT»
- STRICTLY LIMITED EDITION -

45%VOL / 700 ML

45,0 %

rude Gin

Markeneigner

Bastian Meyenburg
c/o Rude Spirits GmbH
Mühlenstraße 7
40213 Düsseldorf
www.rude-spirits.com

Produktionsstätte

Destillerie Thomas Sippel
Bobenheimer Weg 2
67273 Weisenheim am Berg

Ursprungsjahr der Marke

2016

Thomas Sippel, der Brenner, und
Bastian Meyenburg, der Markeneigner – das Duo hinter rude Gin.

WISSENSWERTES

Bastian Meyenburg ist von Beruf Jurist, das heißt: Er war es.
Der schönste Platz war für ihn seit jeher an der Theke, und dort
sein Geld zu verdienen, war sein Traum. Der ging in Erfüllung,
nachdem er – der Gründung eines Start-up-Unternehmens
wegen – in Kalifornien weilte, um dort einen Trauben-Vodka
im Markt einzuführen. Das faszinierte ihn so, dass er umgehend beschloss, einen deutschen Trauben-Vodka zu kreieren.
Er setzte sich mit dem mehrfach ausgezeichneten Pfälzer
Brenner Thomas Sippel in Verbindung, der war begeistert von
der Idee, und wenige Wochen später war der *rude Vodka* auf
dem Markt. Und diesem folgte rund zwei Jahre später und nach
dem gleichen Konzept der *rude Gin*.

HERSTELLUNG

Nicht irgendein beliebiger Neutralalkohol ist das Fundament,
auf dem dieser Gin steht, sondern ein handwerklich perfekt
destillierter Wacholderbrand. Die insgesamt zwölf Botanicals
spielen folglich eher Statistenrollen, die wichtigste Rolle davon
ist den Zitrusaromen vorbehalten, aber auch Angelikawurz,
Ingwer und Lavendel haben ihre Auftritte. Das Können und die
Sorgfalt eines erfahrenen Destillateurs und last but not least
das dem Destillat hinzugefügte, besonders weiche Weisen-
heimer Quellwasser tun ein Übriges dazu, dass aus vergleichsweise wenigen Zutaten ein charaktervoller Top-Gin entsteht.

VERKOSTUNG

In der Nase die klassische Wacholdernote, daneben sanfte Blu-
mentöne und »Andeutungen« von verschiedenen Gewürzen.
Auch am Gaumen dominiert der Wacholder. Der wird unterstützt von einer »Prise« Koriander und einer feinen Beeren-
Süße mit blumigen Anklängen. Auch im Abgang wird der
Wacholder noch seiner Rolle als leading botanical gerecht. Ein
wirklich klassischer Gin, dessen Wacholder-Vergangenheit
(Genever, Wacholderbrand) bravourös in die Gegenwart umgesetzt wurde.

43,0 %

NIEDERLANDE

Rutte

Markeneigner

Koninklijke De Kuyper B.V.
Buitenhavenweg 98
P.O. Box 62
3100 AB Schiedam
www.dekuyper.com

Produktionsstätte

Distilleerderij Rutte & Zn.
Vriesestraat 130
3311 NS Dordrecht
www.rutte.rl

Ursprungsjahr der Marke

2015

In der Brennerei Rutte in Dordrecht
brannte Simon Rutte schon 1872
seine ersten Spirituosen.

WISSENSWERTES

Sieben Generationen von Rutte-Vätern weihten ihre Söhne
in die Kunst der Destillation ein. Obwohl heute in Hightech-
→ Brennblasen destilliert wird, bleibt doch die Tradition
gewahrt: Die Liebe zum Handwerk können die Träger eines
großen Erbes allerdings nur im kleinen Rahmen pflegen. Und
deswegen ist die Rutte-Destillerie nach wie vor die kleinste
Brennerei in den Niederlanden. Aber sie bringt Großes zuwege
– warum sonst hätte das niederländische Traditionsunter-
nehmen De Kuyper, ein Riese im nationalen Spirituosenge-
schäft, im Jahr 2011 den Zwerg Rutte unter sein Dach holen

sollen? Dort stehen die Rutte-Produkte seither gleichberechtigt im Sortiment neben denen der großen Mutter.

HERSTELLUNG

Neben den prägenden Wacholderbeeren tragen Angelika- und Veilchenwurzel, Cassiarinde, süße und bittere Orangen, Fenchel und Koriander zum Aroma dieses Gins bei. Die Botanicals kommen mit dem aus französischem Winterweizen gewonnenen Alkohol in die → Brennblase und werden zum Konzentrat destilliert. Das Destillat wird mit Wasser und Neutralalkohol zum Endprodukt Gin vollendet.

VERKOSTUNG

In der Nase kommen Wacholderbeeren, Zitrusfrüchte und die anderen Botanicals als harmonische, da perfekt ausbalancierte Einheit an. Am Gaumen ist der *Rutte Gin* angenehm leicht und dank der etwas dominanten Zitrusfrüchte auch erfrischend. Aus der Runde der restlichen Botanicals schiebt sich vor allem der Fenchel in den Vordergrund, aber auch die Angelikawurzel macht sich bemerkbar. Und im Abgang spielen die Zitrusaromen noch einmal die Hauptrolle.

Diese Marke gibt es außerdem
noch als:
Rutte Celery Gin, *in den Sellerie eine*
außergewöhnliche Geschmacksnote
einbringt, 43,0 %.

215

43,0%

Säntisblick Local Gin

Markeneigner

Bruno Eschmann
c/o Säntisblick Destillerie Ltd.
Geisberg
9246 Niederbüren
www.saentisblick-destillerie.ch

Produktionsstätte

siehe Markeneigner

Ursprungsjahr der Marke

2015

Bruno Eschmann am → Brennhafen
in seiner Säntisblick Destillerie in
Niederbüren.

WISSENSWERTES

Seit 2011 hat Bruno Eschmann eine Lizenz zum Brennen.
Aus seiner 2012 gegründeten Brennerei Säntisblick kommen
Edelbrände aus Obst von A wie Apfel bis Z wie Zwetschge.
Er stellt außerdem eine Reihe von Likören her, destilliert aber
auch Whisky. Und weil er fasziniert ist von der Frucht- und
Kräuterwelt, lag es nahe, sich auch an einen Gin zu wagen. Mit
Erfolg: Schon der erste Gin aus der Säntisblick Destillerie
wurde bei der »Ostschweizerischen Edelbrandprämierung
2014« mit einem Preis bedacht, und diese Auszeichnung gab
es bei derselben Veranstaltung im Jahr 2016 erneut.

HERSTELLUNG

Prägende Botanicals sind neben dem Wacholder unter
anderem Galgant und Koriander, die Schalen von verschiedenen Früchten und diverse Blüten, darunter auch Lavendel.
Die Zutaten werden warm mazeriert und anschließend
»sanft, langsam und sauber abdestilliert«. Mehr verrät der
Hersteller nicht über seinen Gin – außer noch, dass der Rein-
alkohol landwirtschaftlichen Ursprungs zugekauft wird.

VERKOSTUNG

Zitronen- und Orangenschalen sind bei der Riechprobe deutlich wahrzunehmen, auch der Wacholder steigt in die Nase
und bringt noch etwas Anisduft mit. Im Mund wirkt dieser Gin
frisch, er lässt neben dem Wacholder auch Kräuternoten und
die erfrischende Wirkung von Zitrusfrüchten erkennen.

44,0 %

Senft 21 Bodensee Dry Gin

Markeneigner

Edelbrände Senft
Dorfbachstraße 10
88682 Salem-Rickenbach
www.edelbraende-senft.de

Produktionsstätte

siehe Markeneigner

Ursprungsjahr der Marke

2014

Tochter Silke Senft, die Edelbrand-Sommelière, zwischen Mutter und Vater, dem Brennmeister.

WISSENSWERTES

Die Destillerie Edelbrände Senft wurde 1988 gegründet, aber das Brennen hat in der Familie Senft eine lange Tradition. Obstbrände spielten (und spielen noch) zwar die wichtigste Rolle im inzwischen breiten Angebot des Familienbetriebs, der 2007 (»um unser Sortiment zu erweitern«) eine Lizenz als → Verschlussbrennerei erwarb. Doch schon 2012 stellte die kreative Familie ihren *Bodensee Whisky* vor, dem dann im Jahr darauf der *Bodensee Wodka* folgte. Und im Jahr 2014 – in dem sich Tochter Silke als Edelbrand-Sommelière qualifizierte – wurde schließlich der *Gin 21* präsentiert.

HERSTELLUNG

Die Basis dieses Gins vom Typ »Dry Gin« ist ein Destillat aus Bioweizen. Insgesamt werden für die Aromatisierung dieses *Bodensee Dry Gins* 21 Botanicals eingesetzt, darunter diese sechs Klassiker: Wacholderbeeren, Koriandersamen, Zitronen, Orangen, Angelikablätter und Veilchenwurzel. Doch für das besondere Aroma sorgen die 15 Zutaten, die verständlicherweise nicht verraten werden. Die Melange aus aromatischen Zutaten und Basisalkohol wird in einer Holsteiner → Brennblase destilliert.

VERKOSTUNG

Für den fruchtigen Auftakt in der Nase sorgen Grapefruit und Calville-Äpfel, dann geben sich über den Duft Zitronengras, Bergamotte, getrocknete Schalen von Zitrusfrüchten und Ingwer zu erkennen. Fazit der Riechprobe: frisch-würzige Noten mit blumig-grasigen Akzenten. Am Gaumen treten die frischen Aromen der »Luxuszitrone von der Amalfiküste« in den Vordergrund, doch auch Blüten setzen in dem sehr ausgewogenen Gin, der mit seiner fülligen Opulenz beeindruckt, deutliche Akzente und sorgen mit dafür, dass der *Senft 21* trotz seiner immerhin 44 % geradezu mild über die Zunge geht.

Die Gründer der Gin-Marke Siegfried: Raphael Vollmar und Gerald Koenen an der »Quelle«.

Siegfried Rheinland Dry Gin

41,0 %

Markeneigner

Rheinland Distillers GmbH
Mozartstraße 7
53115 Bonn
www.siegfriedgin.com

Produktionsstätte

Eifel-Destillerie
Schmittstraße 3
53501 Lantershofen-Ahrweiler

Ursprungsjahr der Marke

2014

WISSENSWERTES

Im Zentrum der filigranen Allianz von 18 Botanicals für diesen Gin steht die Lindenblüte als dessen Markenzeichen. Und es war auch die Linde, die diesem Gin seinen Namen einbrachte: Es war bekanntlich ein Lindenblatt, das Siegfried, dem Helden der Nibelungensage, zum Verhängnis wurde. Dessen Kampf mit dem Drachen soll der Sage nach am Drachenfels im Siebengebirge stattgefunden haben. Und in der Nähe jenes sagenhaften Ortes steht die Brennerei, die den *Siegfried Gin* herstellt. Diese Eifel-Destillerie kann sich inzwischen mit zahlreichen Auszeichnungen schmücken, die ihr für diesen traditionell handwerklich, mit viel Liebe zum Detail erzeugten Gin verliehen wurde.

HERSTELLUNG

Das Fundament ist Alkohol aus Getreide der höchsten Qualitätsstufe. Auf diesem Fundament wird aufgebaut: mit den bereits erwähnten Lindenblüten und Wacholder, Angelikawurzel, Kardamom und Ingwer, Thymian, Lavendel und Pomeranze. Die pflanzlichen Zutaten werden keineswegs »alle in einen Topf geworfen«, sondern entsprechend ihrer jeweils individuellen Eigenschaften »bestmöglich verarbeitet«, mazeriert und destilliert. Künstliche Aromen oder irgendwelche Zusatzstoffe kommen der Eifel-Destillerie nicht ins Haus und schon gar nicht in diesen Dry Gin bester Qualität.

VERKOSTUNG

Die sanften Zitrusnoten der Pomeranze steigen in die Nase, werden begleitet von Thymiannoten, Kardamom und Wacholder und vereinen sich zu einem komplexen, harmonischen Duft. Im Mund trifft die Frische von Lavendel auf die würzig-erdigen Noten von Ingwer und Angelikawurzel; es sind schließlich die Lindenblüten, die mit ihrem dezent-warmen Charakter den Geschmack abrunden.

37,5 %

Silver Top London Dry Gin

Markeneigner

Lucas Bols Amsterdam B.V.
Paulus Potterstraat 14
1071 CZ Amsterdam
www.lucasbols.com

Produktionsstätte

Lucas Bols Distillery
Pijlsteeg 31–43
1012 HH Amsterdam

Ursprungsjahr der Marke

1926

WISSENSWERTES

Seine (erste) Brennerei gründete Lucas Bols bereits im Jahr 1575, und verschiedene Quellen lassen den Schluss zu, dass er in dieser zunächst Genever erzeugte. Später spezialisierte sich die Firma Bols dann zwar auf Liköre, aber der Genever wurde auch weiterhin produziert. Dessen »anglisierte Version«, der Gin, wird in den Aufzeichnungen des Unternehmens erstmals im Jahr 1926 erwähnt.

HERSTELLUNG

Die Botanicals, unter denen Angelikawurzel, Cassiarinde, Koriandersamen und Orangenschalen die – neben dem Wacholder – prägendsten sind, werden in zugekauftem Neutralalkohol mazeriert. Die so gewonnenen Extrakte werden zweimal destilliert und anschließend auf 37,5 % verdünnt.

VERKOSTUNG

Unaufdringlich, aber doch deutlich macht sich der Wacholder in der Nase bemerkbar, unterstützt vom Düfte-Trio Cassia, Koriander und Zitrus; im Geschmack ist dieser Gin gut ausbalanciert und gibt sich am Gaumen weich und herbsüß, wobei auch hier der Wacholder den (leisen) Ton angibt. Alles in allem ein geradezu traditioneller Gin, der sich zum Purtrinken ebenso eignet wie zum Mixen.

Piet van Leijenhorst ist als Master Distiller der Lucas Bols Distillery auch für den Gin verantwortlich.

Simon's
FEINBRENNER SEIT 1879

SEVERIN SIMON, DÖRSTHOF

63755 ALZENAU-MICHELBACH

BAVARIAN PURE POTT STILL

GIN NEXT LEVEL

70 CL

46% VOL

46,0 %

Simon's Gin

Markeneigner

Severin Simon
c/o Feinbrennerei Simon's
Dörsthof 4
63755 Alzenau-Michelbach
www.feinbrenner.eu

Produktionsstätte

siehe Markeneigner

Ursprungsjahr der Marke

2008

Brenner Severin Simon ist offensichtlich zufrieden mit der Qualität der Zutat, die er gerade prüft.

WISSENSWERTES

Seit fünf Generationen werden in dieser Brennerei überlieferte Rezepte dank frischer Ideen zu feinen Bränden destilliert. Ursprünglich war dieses Anwesen eine reine Obstbrennerei, doch Severin Simon versuchte sich 1998 erfolgreich mit einem Whiskey und hatte daraufhin den Wunsch, »all das selbst zu destillieren, was eine gute Bar benötigt«. Also stellte der ausgebildete Winzer (genau: Techniker für Weinbau und Kellerwirtschaft) und passionierte Brenner Severin Simon nach seinem Whiskey auch noch einen Rum her und den Gin. Der Letztere wird im Gegensatz zu seinen hochprozentigen Brüdern allerdings nicht in der neuen großen Anlage gebrannt, sondern in der bewährten kleinen.

HERSTELLUNG

Die alkoholische Basis aus Weizen und Äpfeln brennt Severin Simon selbst. Weil dieser Gin, der in enger Zusammenarbeit mit dem »Gewürzpapst« Ingo Holland entstand, auch eine »Hommage an den hauseigenen Rum« sein soll, sind unter den Botanicals auch viele aus der Karibik zu finden.

VERKOSTUNG

In der Nase kommen kräftige Würzaromen an und sammeln sich zu einem feingliedrigen, komplexen Duft. Am Gaumen ist der *Simon's* warm, weich und »rund«; besonders Kardamom und Piment vereinen sich ausdrucksvoll mit den feinen Zitrusaromen. Im langen Abgang bleiben »warme« Gewürznoten.

Spitzmund

Markeneigner

Spitzmund
Kleiner Kuhberg 12a
24103 Kiel
www.spitzmund.com

Produktionsstätte

Destillerie Altenhof
Ralf Stelzer
Schnellmarkt 16
24340 Altenhof

Ursprungsjahr der Marke

2014

*Der Barkeeper Andreas Werner
entwickelte das Rezept für diesen Gin,
der treffend Spitzmund heißt.*

WISSENSWERTES

Was macht ein Genussmensch, wenn er sich am Duft eines gelungenen Tropfens begeistert hat und nach der Vorfreude endlich auch schmecken will? Er spitzt den Mund und lässt durch diesen die feine Flüssigkeit auf die Zunge und an den Gaumen gelangen. Genau diese Vorstellung hat den Barkeeper Andreas Werner aus Kiel dazu bewogen, den von ihm kreierten Gin *Spitzmund* zu nennen. Damit der seinem Namen auch wirklich Ehre macht, halten sich die Hersteller an fünf selbst gesetzte Regeln: Er muss anspruchsvoll sein, also nur beste Stoffe enthalten, handcrafted, was eine Liebe zum Detail voraussetzt und nur begrenzte Mengen zulässt, harmonisch in Duft und Geschmack, pur, heißt: auch ganz ohne Mischelemente reinen, unverfälschten Genuss bieten, und schließlich authentisch, also im besten Sinne traditionell, echt und natürlich. Der Gin bestätigt die Einhaltung dieser Regeln.

HERSTELLUNG

Eine ausgewogene Kombination aus Wacholder, Pflaumen (!), Koriander, Äpfeln, Zitrusfrüchten und einigen anderen Botanicals mehr gibt diesem Gin, der als »New Western Dry« einzuordnen ist, seinen einzigartigen Geschmack, der von 47 Alkoholprozenten perfekt getragen wird. Da für den *Spitzmund* ausschließlich Naturprodukte verwendet werden und auf jegliche Art von Zusatzstoffen und Extrakten bewusst verzichtet wird, kann sich jede Charge minimal von der vorangegangenen unterscheiden. Und genau das ist auch eines der Merkmale von Spirituosen, die als »handcrafted« ausgewiesen sind.

VERKOSTUNG

In der Nase verbinden sich nach und nach Wacholder, Piment und Muskat mit Pflaumen (!), Birnen und Orangenschalen zu einer würzig-fruchtigen Duftsinfonie. Im Mund sind Pfeffer, Wacholder, Muskat und Piment ebenso präsent wie Haselnüsse, Pflaumen und erfrischende Zitrusnoten.

Diese Marke gibt es außerdem
noch als:
Spitzmund Sherry Cask Reserve Gin,
eine limitierte, in Ex-Sherryfässern
gereifte Version mit 49,0 %.

47,0 %

Stauffenberg Dry Gin

Markeneigner

Franz von Stauffenberg
c/o Stauffenberg Edelbrand
Ackerstraße 2
10115 Berlin
www.stauffenberg-gin.de

Produktionsstätte

Stauffenberg Edelbrand-Brennerei
Schenk von Stauffenberg
Herrenstraße 8
89343 Jettingen-Scheppach
www.stauffenberg-edelbrand.de

Ursprungsjahr der Marke

2013

WISSENSWERTES

Der Markeneigner und Hersteller ist einer von *den* Stauffenbergs, also jenem uralten Adel, der anno 1262 zum ersten Mal als Adelsgeschlecht erwähnt wurde. Und Franz von Stauffenberg stammt aus jenem Zweig dieser Familie, der durch einen Widerstandskämpfer weltberühmt wurde: Oberst Claus Schenk Graf von Stauffenberg, dessen Attentat auf Hitler leider ein Attentat, also ein Versuch, blieb, war ein Großonkel Franz von Stauffenbergs. Dem Großneffen war der berühmte Name freilich nicht von Nutzen bei seiner Karriere: Er ist Künstler, und in der Kunst zählt bekanntlich nur das Werk. Dass Franz Schenk Graf von Stauffenberg, wie er mit vollem Namen heißt, auch als Brenner von sich reden macht, haben wir Johann Roessle zu verdanken. Dieser war Brenner, Brauer und Mälzer auf dem Gut des Familienzweigs in Jettingen und gab sein Wissen an Franz weiter, der sich sehr dafür interessierte, wie aus Obst aromatische Brände und Geiste werden können. Im Jahr 2008

Im ehemaligen Verwaltungsgebäude des Jettinger Stauffenberg-Gutes ist die Brennerei untergebracht.

....

Diese Marke gibt es außerdem
noch als:
Stauffenberg Aged Gin *mit*
Obstbrand-Zusatz und gelagert im
Maulbeerfass, 47,0 %.

brannte er erstmals selbst, ohne Hilfe in Theorie und Praxis. Er stellte zunächst nur Obstbrände her, kreierte dann aber auch einen Gin, weil er diese Spirituose privat schon immer hoch geschätzt habe, wie er sagt. Dieses Gins und seiner auch vielfach ausgezeichneten Obstbrände wegen führt Franz von Stauffenberg seit Jahren ein Doppelleben: Der Künstler ist in Berlin zu Hause, der Brenner im kleinen, beschaulichen Jettingen, wohin er stets schon zum Ernten anreist.

HERSTELLUNG

Der Basisalkohol aus kontrolliert angebautem Bioweizen wird zugekauft. In dieser Basis werden in der → Brennblase die Botanicals mazeriert: Wacholder, Koriander, Kardamom, Lavendel, Mariendistel und Melisse, Angelikawurzel, Nelken, Holunderblüten und Hibiskus, Cassiarinde, Zimt und frische Zesten verschiedener Zitrusfrüchte sowie frischer Ingwer und frische Gurke. Dieser Ansatz wird leicht erhitzt. Am nächsten Morgen wird die (alte) Brennblase erneut mit Holz beheizt und das → Mazerat über mehrere Stunden vorsichtig abdestilliert. Um die Hitze etwas beeinflussen zu können, wurde das Holz in unterschiedlich große Scheite gespalten. Allein das Spiel mit den Hähnen und den Temperaturen bestimmen im Verbund mit reiner Sensorik die Qualität des Destillats, das dann mit Mineralwasser (!) auf eine Trinkstärke von 47 % herabgesetzt wird. »Klassischer« kann Gin nicht destilliert werden.

VERKOSTUNG

Der erste Eindruck in der Nase ist Fruchtigkeit. Orange, Zitrone und Ingwer stehen im Vordergrund, Wacholder, Nelke und Kardamom untermalen diesen ersten, fruchtigen Eindruck im Verbund mit den floralen Aromen von Lavendel und Zitronenmelisse. Am Gaumen dominieren zunächst die Gewürze, allen voran Nelke und Koriander, der lang anhaltende Nachklang ist hingegen wieder deutlich von Zitrusaromen und Lavendel getragen. Fazit: Das ganz Besondere an diesem Gin ist seine aromatische Vielschichtigkeit: Alle Botanicals kommen gleichberechtigt zur Geltung – ein absolut runder Genuss.

Steinhauser See Gin

48,0 %

Markeneigner

Martin Steinhauser
c/o Steinhauser GmbH
Raiffeisenstraße 23
88079 Kressbronn
www.weinkellerei-steinhauser.de

Produktionsstätte

Alte Bodensee-Hausbrennerei
Steinhauser
Anschrift siehe Markeneigner

Ursprungsjahr der Marke

2013

Schon vor dem Gin berühmt für Wacholderbrände: die Alte Bodensee-Hausbrennerei Steinhauser.

WISSENSWERTES

Wacholder wurde in der Alten Bodensee-Hausbrennerei Steinhauser schon vor vielen Jahren gebrannt. Der Grund: Das Allgäu ist nicht weit, und jene Region, speziell rund um Oberstaufen, ist berühmt für ihre Schrothkuren. Und zu einer richtigen Schrothkur gehört nun einmal die regelmäßige »Einnahme« einer wenn auch nicht üppigen Menge Wacholderbrand. So gab es denn ein altes Rezept, und als sich in Deutschland der Gin-Trend abzuzeichnen begann, wurde diese Rezeptur etwas modernisiert und 2013 als Gin auf den Markt gebracht. Dass sich die Modernisierung des alten Wacholderschnapses in Form von Änderungen am ursprünglichen Rezept gelohnt hat, zeigte sich bereits 2014: Bei der »International Wine & Spirits Competition« (IWSC) in London triumphierte *Steinhausers See Gin* über 200 Mitbewerber und wurde zum weltbesten London Dry Gin gekürt.

HERSTELLUNG

Melisse und Zitronengras nennt der Hersteller als einzige (prägende) Botanicals. Er gibt überhaupt so gut wie keine Information über den Herstellungsprozess, lässt lediglich wissen, dass der Basisalkohol (woraus gewonnen?) nicht selbst gebrannt, sondern zugekauft werde und die Herstellung nach den für »London Dry Gin« geltenden Vorgaben ablaufe. Darunter können wir uns immerhin etwas vorstellen.

VERKOSTUNG

In der Nase kommt dieser Gin frisch und fruchtig-reif an, weich und seidig; süßliche Zitrusnoten von reifen Orangen sind zu riechen, dazu eine milde Würze und unaufdringlicher Wacholder. Am Gaumen treten zunächst deutliche, frische Zitrusaromen und die von Kumquats auf, Melisse und pfeffrige Akzente sind eher im Hintergrund wahrnehmbar. Im Abgang machen sich zunächst frische, pfefferig-würzige Töne bemerkbar und schließlich führt ein weiches Mandelaroma zu einem geradezu wärmenden Effekt.

Studer Swiss Classic

Markeneigner

Destillerie Studer & Co AG
Mösli 1
6182 Escholzmatt-Luzern
www.distillery.ch

Produktionsstätte

siehe Markeneigner

Ursprungsjahr der Marke

2006

Der Stammsitz (mit Brennerei) des Traditionsunternehmens Studer in Escholzmatt, Kanton Luzern.

WISSENSWERTES

Seit dem Gründungsjahr 1883 ist Studer eine Manufaktur von Frucht-Edelbränden und Likör, aber es werden auch andere Spirituosen, die zum Teil auf Rezepten aus dem Gründungsjahr fußen, in der familieneigenen Manufaktur hergestellt – Absinthe zum Beispiel, Vodka und seit 2006 auch Gin. Dass die Studer-Spirituosen prominent sind, beweisen gut 300 Auszeichnungen, die dem Schweizer Traditionshaus mittlerweile verliehen wurden. Keine andere Brennerei in der Schweiz kann mehr vorweisen. Auch für den 2006 herausgebrachten *Swiss Classic Gin* gab es schon reichlich Preise, Goldmedaillen zum Beispiel bei der »DistiSuisse 2015/16«, beim deutschen »ISW 2015«, bei »The Spirit Business London 2015« und bei der »CWSA Hongkong 2015«. Es zahlte sich also auch bei diesem Produkt aus, dass die Marke Studer seit gut 130 Jahren für traditionelle Brennmethoden, für die Verwendung bester Rohstoffe und vor allem für kompromisslose Qualität steht.

HERSTELLUNG

Als Basisalkohol dient der dreifach destillierte *Studer Swiss Classic Vodka*, der als Fundament für den Gin 22-fach (!) in drei verschiedenen Verfahren filtriert wird. In dieser Basis werden die Botanicals, zu denen Wacholder, Zitronengras, Lavendel, Ingwer, Koriander und Kubebenpfeffer gehören, einige Zeit mazeriert und anschließend destilliert; das Destillat wird dann auf 40 % Alkoholgehalt herabgesetzt.

VERKOSTUNG

Sehr sauber – also ohne störende »Fremdaromen« – im Geruch, in der Nase ist das Wacholderaroma präsent, aber auch intensive Orangen-Zitrus-Noten fallen auf. Der Geschmack ist mild und süßlich, und die Aromen des omnipräsenten Wacholders, der Lakritze und der Zitrusfrüchte sind deutlich wahrnehmbar. Alles in allem ein sehr harmonischer, vom Wacholder geprägter klassischer Gin, der am Gaumen angenehm lang anhält.

46,0 %

Swiss Crystal Gin

Markeneigner

Swiss Crystal Gin
Rugen Distillery
3800 Inter aken
www.swisscrystalgin.com

Produktior sstätte

Rugen Distillery
Wagnerenstraße 40
3800 Matten bei Interlaken
www.rugenbraeu.ch

Ursprungsjahr der Marke

2016

WISSENSWERTES

Die Rugen Distillery ist noch vergleichsweise jung, sie gehört zur 1866 gegründeten Rugen Brauerei. 2008 wurde die Distillery eingerichtet, wohl auch, um den *Swiss Highland Single Malt Whisky* herstellen zu können, der nach dem Bierbrand *Fleur de Bière* die zweite Spirituose war, mit der sich die Brauerei auf »fremdes Territorium« wagte. Wer in Matten-Interlaken vor dem Rugen-Gebäude steht, sieht auf einen Blick durch die riesigen Fenster, wo gebraut (unten) und wo gebrannt (oben) wird. Seit 2016, dem Jubiläumsjahr, in dem Rugenbräu das 150-jährige Bestehen feiern konnte, wird im ersten Stock auch der *Swiss Crystal Gin* hergestellt, eine »Symbiose zwischen traditionellem Handwerk und innovativen Ideen«, wie der Hersteller sagt.

HERSTELLUNG

Der *Swiss Crystal Gin* entsteht in einem »speziellen, sorg-
fältigen Brennprozess«. Als Basis wird Feinsprit von der Eidge-
nössischen Alkoholverwaltung bezogen, und neben dem für
Gin typischen Wacholder sorgen Edelweiß, Koriander und
Alpenrose für den Geschmack. Ein Finale wie das des *Swiss
Crystal* wird gewiss auch nicht jedem Gin zuteil: Nach dem
Brennprozess läuft das Destillat »zur Vollendung« noch über
einen Bergkristall – eine Hommage an die mystische Bergwelt.

VERKOSTUNG

Ein aromatischer Wacholderduft steigt in die Nase, begleitet
von einem frischen Zitrus-Bouquet und vollendet von
einem Hauch Pfefferminze sowie eleganten Zimt- und Karda-
momtönen. Am Gaumen vereint sich die typische Wachol-
derbeernote mit einer harmonischen Balance aus den Aromen
von Mandarinen und Zitronen; der würzige Auftakt geht
schließlich in eine mineralische Frische über. Im langen
Abgang spielen zartbittere Alpenkräuter und dezente Gewürznoten ein gelungenes Duett.

*Rugenbräu in Matten bei Interlaken.
Die großen Glasfronten geben Ein-
blick unten in die Brauerei und oben
in die Brennerei.*

235

Tanqueray

47,3 %

Markeneigner

Diageo plc
Lakeside Drive, Park Royal
London NW10 7HQ, England
www.diageo.com

Produktionsstätte

Cameronbridge Distillery
Windygates
Leven/Fife KY8 5RL

Ursprungsjahr der Marke

1830

*Die geradezu gigantischen
Destillieranlagen in der schottischen
Cameronbridge Distillery.*

WISSENSWERTES

Charles Tanqueray gründete 1830 im Londoner Stadtteil
Bloomsbury eine Brennerei und begann mit der Herstellung
von Gin. Dieser Gin war so gut, dass er wenig später schon in
die britischen Kolonien geliefert und von der nächsten Generation auch in die USA exportiert wurde. 1898 fusionierte die
Firma Charles Tanqueray mit der 1790 von Alexander Gordon
(siehe *Gordon's*) gegründeten Firma Gordon & Co. zu Tanqueray, Gordon & Company, und die gesamte Produktion
wurde in das Gordon-Werk in der Londoner Goswell Road verlegt. Die aus den zwei traditionsreichen Herstellern von Gin
gebildete Gesellschaft wurde 1922 von der seinerzeit mächtigen
Distillers Company Ltd, kurz DCL genannt, übernommen und
kam über deren Nachfolger schließlich zu Diageo, dem welt-
größten Anbieter von Spirituosen. Die im Zweiten Weltkrieg
schwer beschädigte Brennerei in der Goswell Road wurde
zwar 1957 komplett neu wiederaufgebaut, doch wegen der
stetig steigenden Nachfrage wurde die Produktion 1984 nach

Diese Marke gibt es außerdem
noch als:
Tanqueray Nº Ten *mit frischen
Zitrusfrüchten in klassischer
→ Pot Still destilliert, 47,3 %,*
Tanqueray Rangpur *mit geringerem
Wacholderbeer-Anteil als der
London Dry, 41,3 %,*
Tanqueray Malacca, *die sanftere und
süßere Alternative zum »harten«
London Dry, 40,0 %, sowie*
Tanqueray Old Tom, *dem frischer
Ananasextrakt die ganz spezielle
süße Note gibt, 40,0 %.*

Basildon/Essex verlegt. Seit 1998 werden *Tanqueray* und
Gordon's jedoch in Diageos Cameronbridge Distillery in Schottland hergestellt.

HERSTELLUNG

Da die Cameronbridge Distillery hauptsächlich eine Grain-
Whisky-Brennerei ist, wird auch der Basisalkohol für
die dort hergestellten Gins aus Getreide gewonnen. In diesem
hochprozentigen Alkohol werden die Botanicals für längere
Zeit mazeriert. Neben Wacholder, der für einen *Tanqueray* zwei
Jahre lang lagern (im Sinne von reifen) muss, bringen An-
gelikawurzel, Cassia, Grapefruit, Kamille, Koriandersamen,
Lakritze, Limette und Zimt ihre Aromen ein. Die so gewon-
nenen → Mazerate werden insgesamt viermal zu diesem
Gin der Kategorie »London Dry« destilliert.

VERKOSTUNG

In der Nase frisch und sanft mit feiner Wacholdernote und
Zitrusduft, nach und nach machen sich im »Strauß der Düfte«
auch die anderen Botanicals breit. Am Gaumen ist der relativ
hohe Alkoholgehalt zwar deutlich zu spüren, allerdings
wird er vollendet unterstützt von der aparten Wacholdernote,
von Angelikawurzel und Lakritz, Gewürztönen (Kardamom,
schwarzer Pfeffer) und Zitrusaromen. Im langen Abgang zeigt
sich dieser Gin trocken und ausgewogen.

47,0 %

Telser Liechtenstein Dry Gin

Markeneigner

Telser Distillery Ltd
Dorfstraße 67
9495 Triesen
www.telserdistillery.com

Produktionsstätte

siehe Markeneigner

Ursprungsjahr der Marke

2013

WISSENSWERTES

Marcel Telser leitet in vierter Generation die 1880 gegründete Brennerei. Seinen ursprünglichen Beruf als Jurist gab er auf, um sich gründlich auf die Aufgaben als Nachfolger seines Vaters vorzubereiten. Die Brennerei produzierte ursprünglich nur Obstbrände, brachte aber 2006 auch einen *Liechtenstein Whisky* auf den Markt. Inspiriert von vielen Reisen nach England, von seiner Tätigkeit als Juror sowie von Tastings und Seminaren entwickelte Marcel Telser schließlich auch einen Gin. Der wurde bereits mehrfach ausgezeichnet und sein Hersteller im Oktober 2015 als erstes deutschsprachiges Mitglied in die renommierte Londoner Vereinigung »The Gin Guild« aufgenommen.

HERSTELLUNG

Details über die Herstellung gibt Marcel Telser nicht preis, er
zählt aber bereitwillig die Zutaten auf. Das sind neben dem
unerlässlichen Wacholder Angelikawurzel, Holunderblüten,
Ingwer und Kamillenblüten, Koriander, Lavendelblüten,
Schalen von Bitter- und von Curaçao-Orangen sowie Zitronengras. Die Basis ist zugekaufter Agraralkohol. Da dieser Gin
auf dem Etikett als *London Dry Gin* ausgewiesen wird, bleiben
eigentlich nur noch die Fragen offen, ob und in welchem
Zustand (frisch oder getrocknet?) die Botanicals direkt destilliert werden (und, wenn ja, wie?). Oder ob das nach vorange-
gangener → Mazeration passiert. Dass nur in kleinen Chargen
destilliert wird, verrät der Hinweis »Small Batch«. Die beiden
→ Brennhäfen deutscher Herkunft (»Diva« von Christian
Carl und »Berta« von Holstein) werden klimaneutral mit Holz
beheizt. In der ganzen Brennerei ist keine elektronische Steue-
rungsanlage zu finden: »Bei uns überwacht und entscheidet
alles der Mensch«, sagt der Brennereichef Marcel Telser dazu.

VERKOSTUNG

Mit der Nase ist deutlich Wacholder zu erkennen, der aber
nicht aufdringlich wirkt und mit dezenten blumigen Noten
(Holunder, Kamille, Lavendel) ein apartes Bouquet bildet. Im
Mund gibt sich dieser Gin mit einer wunderschön öligen Konsistenz kraftvoll, aber dennoch sanft. Der im langen Abgang
noch einmal auftrumpfende Wacholder und die strammen
47 % vol Alkoholgehalt verleiten schon zum Mischen: Seine
floralen Noten (und überhaupt sein volles Bouquet) kommen
am besten zur Geltung, wenn der *Liechtenstein Dry Gin* mit
Fever-Tree Indian Tonic gemischt wird.

46,0%

The Botanist Islay Dry Gin

Markeneigner

Rémy Cointreau S.A.
21, Bd Haussmann
75009 Paris, Frankreich
www.remy-cointreau.com

Produktionsstätte

Bruichladdich Distillery
Bruichladdich, Isle of Islay
Argyll PA49 7UN
www.bruichladdich.com

Ursprungsjahr der Marke

2011

WISSENSWERTES

Einen Gin zu machen, muss für Jim McEwan eine Herausforderung gewesen sein. Schließlich war der Master Blender und Production Director der Bruichladdich Distillery (die er 2015 verließ, um in den nur kurzfristigen Ruhestand zu gehen) weltweit bekannt für seine schier unerschöpfliche Kreativität. Die bewies er mit immer neuen Variationen »seiner« Malt-Whisky-Marken *Bruichladdich*, *Port Charlotte* und *Octomore*. Dass er sich auch mit Gin befasste, hat damals im Jahr 2011 in der Branche wahrscheinlich niemanden verwundert. Die Voraussetzungen für einen Gin waren schließlich gut: Das Ehepaar Gulliver konnte ihm bei der Suche nach geeigneten, auf der Insel wildwachsenden Pflanzen behilflich sein, und eine für dieses »fremde Destillat« geeignete → Brennblase war vorhanden.

HERSTELLUNG

Welch ein Aufwand! In Handarbeit erntet das Botaniker-Ehepaar Mavis und Dr. Richard Gulliver auf Islay 22 wild wach-

sende Botanicals wie beispielsweise Moorbirke, römische Kamille, Wasserminze, Zitronenmelisse, Holunder, Thymian, Salbei und Stechginster – um nur einige wenige zu nennen. Den 22 regionalen Botanicals werden noch neun »klassische« hinzugefügt: von der Angelikawurzel über Koriander und Wacholder bis zum Zimt. Diese insgesamt 31 pflanzlichen Zutaten werden in einem mit Wasser auf 50 % herabgesetzten Weizendestillat zum Gin gebrannt. Und auch das ist wieder mit viel Aufwand verbunden, denn destilliert wird in der letzten *Lomond Still,* die noch betrieben wird. Das ist eine → Pot Still, die in ihrem Kopfteil bewegliche Kupferplatten hat, die es möglich machen (das war der Grund für die Entwicklung dieser → Brennblase), darin mehrere Whiskys verschiedenen Typs zu destillieren, quasi eine Kombination aus Pot Still und → Column Still. Die in der Bruichladdich Distillery nur zum Brennen von Gin eingesetzte Lomond Still »Ugli Betty« wurde vom Vorbesitzer eigens zu diesem Zweck modifiziert. *The Botanist* im Niederdruckverfahren in dieser Brennblase zu destillieren, dauert allerdings dreimal so lange wie eine übliche Destillation ...

VERKOSTUNG

Ein prall mit Düften gefüllter Ballon scheint zu explodieren. Süßes Menthol macht sich in der Nase breit, Apfelminze gesellt sich dazu, dann Waldblüten, Wacholder, Koriander mit einer ganz leichten Anisnote, auch abgeriebene Zitronen- und Orangenschalen, ein Strauß Sommerblumen, Ginster und wilde Minze – die gesamte Flora der Hebrideninsel Islay spielt in diesem Orchester der Düfte mit. Am Gaumen gibt sich *The Botanist* zunächst eher kühl, entwickelt dann eine wunderbare Wärme und tapeziert den gesamten Mundraum mit einer kaum vorstellbaren Aromenvielfalt, die eingebunden ist in einen Schleier aus Zitrusnoten. Ja, ein Tasting kann wirklich eine Entdeckungsreise sein ...

*Botanicals von der »Whiskyinsel«
Islay prägen den Gin aus der Whisky
Distillery Bruichladdich.*

45,0%

The Duke
Munich Dry Gin

Markeneigner

The Duke Destillerie
Schönecker & Schauerte GbR
Barer Straße 53
80799 München
www.theduke-gin.de

Produktionsstätte

siehe Markeneigner

Ursprungsjahr der Marke

2008

WISSENSWERTES

Im Herbst 2007 gründeten die beiden ehemaligen Historiker Maximilian Schauerte und Daniel Schönecker eine Brennerei im Herzen Münchens. Beide hatten sich schon in der gemeinsamen WG-Zeit während ihres Studiums (das sie offensichtlich nicht voll in Anspruch nahm) intensiv mit dem Destillieren befasst. Aus dem anfänglichen Hobby wurde später dann die Profession. Ihr Ziel war eine handwerkliche Produktion. Für Gin hatte sich das Gründerduo schon zu Studentenzeiten interessiert, deswegen sollte ein Gin auch das erste Produkt aus der Destillerie namens The Duke sein. Dieser sollte klar erkennbar regional, aber nicht provinziell wirken. Der Plan wurde perfekt in die Praxis umgesetzt, und das Ergebnis war einer der Startschüsse für eine »deutsche Gin-Kultur«. Der Brennerei- und Markenname *The Duke* bezieht sich übrigens auf Herzog (engl. *Duke*) Heinrich den Löwen, der in der Historie Münchens eine nicht unerhebliche, wenn auch nur kurze Rolle gespielt hatte.

HERSTELLUNG

Von einem biozertifizierten Betrieb in Bayern wird der Neutralalkohol bezogen, der das Fundament dieses *Munich Dry Gins*
bildet. Die Verbundenheit mit der »Bierstadt München« wird
verdeutlicht durch die Verwendung von Hopfen und Malz;
Lavendel- und Orangenblüten, Angelikawurzel, Koriander,
Kubebenpfeffer, Ingwer, Zitronenschalen, Kümmel und Zimt
steuern ebenfalls Aromen bei. Wie es das klassische Verfahren
englischen Ursprungs vorsieht, werden die Botanicals in hochprozentigem Alkohol mazeriert, in diesem Fall über Nacht.
Das → Mazerat wird aromaschonend bei niedrigen Temperaturen zweifach destilliert. Nach einer mehrwöchigen Lagerzeit
wird *The Duke* sorgfältig gefiltert, auf Trinkstärke herabgesetzt
und von Hand abgefüllt sowie etikettiert.

VERKOSTUNG

The Duke steigt fruchtig-würzig in die Nase. Das Wacholderaroma geht dabei voran, ein Hauch Lavendel und eine ausgewogene erfrischende blumige Note gesellen sich dazu. Am
Gaumen zeigt sich der Gin wieder sehr vielschichtig, bringt
süßlich-blumige Akzente ins Spiel und begeistert mit seiner
lang anhaltenden Wacholdernote ebenso wie mit einem angenehm milden Abgang.

....

Das Mazerat für The Duke Munich Dry
Gin *wird in die* → *Brennblase gefüllt
und zweimal destilliert.*

The London N° 1

47,0 %

Markeneigner

González Byass S.A.
c/o Manuel Ma González, 12
11403 Jerez de Frontera, Spanien

Produktionsstätte

Timbermill Distillery
Thames Distillers Ltd
Timbermill Way, Gauden Road
London SW4 6LY
www.thamesdistillers.co.uk

Ursprungsjahr der Marke

2008

WISSENSWERTES

Ein im Auftrag des spanischen Markeneigners in England hergestellter Gin? Das hatten wir bereits: den *MOM*. Auch der Markeneigner ist derselbe: Das für seinen Sherry und Brandy de Jerez berühmte Haus González Byass. Jener *MOM* kam allerdings erst 2015 auf den Markt, *The London N° 1* hingegen schon sieben Jahre zuvor. Er wird als *N° 1 Original Blue Gin* und, eine Zeile darunter, als *Distilled Gin* ausgewiesen. Abgesehen von der aquamarinblauen Tönung und seinem deutlich höheren Gehalt an Alkohol unterscheidet ihn noch einiges mehr von seinem jüngeren spanisch-englischen »Bruder«.

HERSTELLUNG

Von »12 Schlüsselrohstoffen aus unterschiedlichen Teilen der Erde« spricht der Hersteller und zählt sie auf: Wacholderbeeren aus Kroatien, Bergamotte und Lilienwurzel, Orangen- und Zitronenschalen aus Italien, Bohnenkraut und Engelwurz aus den französischen Alpen, Koriander aus China, Mandeln aus Griechenland, Süßholz aus der Türkei und Zimt aus Sri Lanka – sind auch nach zweiter Zählung nicht mehr als elf. Vermutlich wurde das Getreide dazugezählt, aus dem der hochwertige Basisalkohol gewonnen wurde. Destilliert wird (in kleinen Chargen) dreifach im klassischen → Pot-Still-Verfahren.

VERKOSTUNG

In der Nase zeigen sich animierende Anklänge von Wacholderbeeren und balsamischen Aromen, der Alkohol ist gut in den Duft integriert, elegant und rein. Am Gaumen tritt *The London N° 1* delikat auf, er ist etwas zähflüssig und erzeugt ein feines, relativ trockenes Mundgefühl. Der Geschmack ist alles in allem mild, aber sehr aromatisch und mit Balsamnoten durchsetzt, gut strukturiert und anhaltend.

....

Eine spezielle → Pot Still für Gin in der Timbermill Distillery der Thames Distillers.

43,0%

the oriGINal

Markeneigner

Emil Scheibel
Schwarzwald-Brennerei GmbH
Grüner Winkel 32
77876 Kappelrodeck
www.scheibel-brennerei.de

Produktionsstätte

nur Reifung und Abfüllung!
siehe Markeneigner

Ursprungsjahr der Marke

2014

In der Brennerei Scheibel reift extern erzeugter Gin im Cherry-Brandy-Fass zu the oriGINal *heran.*

WISSENSWERTES

Gründer-Enkel Michael Scheibel hatte auf einer Reise nach England einen »Flachmann« aus Edelstahl dabei, gefüllt mit in seiner Brennerei erzeugtem Cherry Brandy. Nachdem er den genossen hatte, füllte er – ganz in Gedanken – englischen Gin in die Taschenflasche. Dieser ging mit dem verbliebenen Cherry Brandy eine köstliche Verbindung ein und nach dem nächsten Schluck aus der Flasche reifte die Idee heran, die schließlich zu dem Gin mit dem originellen Namen *the oriGINal* führte. Und der ist wirklich ein Original.

HERSTELLUNG

Die Brennerei Scheibel stellt den Gin nicht selbst her, sondern lässt ihn nach ihrem Rezept extern herstellen – wo und von wem wird allerdings nicht verraten. Auf jeden Fall ist ein Feindestillat aus Weizen die Basis, fürs typische Aroma sorgen neben Wacholder auch Koriander und Macisblüte (auch als Muskatblüte bekannt), Orangenblüten und Tausendgüldenkraut. Dieser Gin wird dann in der Brennerei Scheibel in Fässer gefüllt, die zuvor mit dem hauseigenen Likör Cherry Brandy quasi »aromatisiert« wurden, und aus diesen erst abgefüllt, wenn er »ausgereift« ist, das heißt, wenn er die Aromen von Holz und Kirschlikör angenommen hat.

VERKOSTUNG

In der Nase eine würzige Wacholdernote, dazwischen eine Nuance von Rosmarin, übergehend in ein blumiges, süßliches, weiches Kirsch(likör)bouquet. Am Gaumen eine angenehm typische, sehr weiche Wacholdernote, im Mittelteil kommt etwas Koriander dazu und zum Schluss endet der Geschmack in einem schönen Eichenholz-Cherry-Zusammenspiel. Auch im weichen und warmen Abgang ist erneut diese leichte Eichenholz-Cherry-Note wahrzunehmen – das »Echo« der Reifung im Cherry-Brandy-Fass.

ESTD
1761

THOMAS DAKIN

SMALL BATCH

GIN

MANCHESTER
ENGLAND

A CLASSIC STYLE SINGLE GIN
WITH JUNIPER AND CITRUS NOTES,
DISTILLED IN SMALL BATCHES IN
OUR COPPER POT STILL

ELEVEN BOTANICALS
INCLUDING

JUNIPER, ORANGE PEEL,
ENGLISH CORIANDER, ANGELICA,
GRAPEFRUIT, CUBEBS, LIQUORICE AND

A HINT OF RED COLE [1]
FOR AN EXCEPTIONAL TASTE

THE LEGACY OF THOMAS DAKIN LIVES ON

Thomas Dakin   70CL 42% ABV

THE FOREFATHER OF QUALITY ENGLISH GIN

MADE IN ENGLAND

Thomas Dakin

42,0 %

Markeneigner

Quintessential Brands
Floor 3, 3/4a Little Portland Street
London W1W 7JB
www.quintessentialbrands.com

Produktionsstätte

G&J Distillers
Melbury Park, Clayton Road
Warrington Cheshire WA3 6PH
www.gjdistillers.com

Ursprungsjahr der Marke

keine Angabe

WISSENSWERTES

Diese Marke ist die Vierte im Bunde der Gins, die dem Unternehmen Quintessential Brands gehören und von den G&J Distillers in Warrington hergestellt werden. Sie ist benannt nach jenem Thomas Dakin, der 1760 in Warrington eine Brennerei eröffnete, in der er Gin brannte. Diese Brennerei wurde 1870 an die Familie Greenall, die sie schon zehn Jahre als Pächter betrieb, verkauft und erwarb sich fortan als Greenall's Distillery einen großen Ruf. An den Gründer Thomas Dakin erinnern heute nur noch viele Rezepte, die – modifiziert – immer wieder Basis für neue Gin-Marken sind.

HERSTELLUNG

Der Master Distiller mischt die Botanicals nach einem geheimen Rezept. Zu den elf pflanzlichen Zutaten gehören auch einige traditionelle, die schon im 18. Jahrhundert als Stärkungsmittel sehr geschätzt waren. Traditionelle Botanicals sind natürlich Wacholder, englischer Koriander und auch die Orangenschalen, das Trio, von dem das Aroma geprägt ist. Ganz und gar ungewöhnlich ist allerdings der Zusatz von rotem Rettich.

VERKOSTUNG

Zu Beginn ist Wacholder zu riechen, daneben süße Orangen- und verwandte Zitrusaromen, und ganz zum Schluss macht sich in der Nase tatsächlich ein Hauch von rotem Rettich bemerkbar. Im Mund tritt *Thomas Dakin* fein auf mit einem intensiven und pikanten Geschmack, der durch ein süßliches Zitrusaroma sanfter wird und dann noch mit einem salzigen Einschlag überrascht. Der Abgang ist mittellang bis lang und lässt noch einmal die prägenden Aromen nachklingen.

Triple Peak

44,0%

Markeneigner

Brigitta Schulze van Loon
Adresse siehe Produktionsstätte

Produktionsstätte

Brigitta Rust Piekfeine Brände e.K.
Hoerneckestraße 3
28217 Bremen
www.br-piekfeinebraende.de

Ursprungsjahr der Marke

2015

WISSENSWERTES

Es fing mit einer »Schnapszahl« an: Am 11.11.11 um 11:11 Uhr nahm Brigitta Rust (inzwischen verheiratete Schulze van Loon) ihre gläserne Manufaktur Piekfeine Brände in Betrieb. Damit erfüllte sich die Diplomkauffrau einen lange gehegten Traum. Nachdem sie in der Finanzkrise 2009 ihren Arbeitsplatz in einer Unternehmensberatung verloren hatte, setzte sie sich ein neues Ziel: Angeregt durch feine Obstbrände, die sie auf Besuchen bei ihrem Vater in Österreich kennen und schätzen gelernt hatte, ließ sie sich zur Brennerin ausbilden, bestand die Gesellenprüfung mit Auszeichnung und absolvierte Praktika in verschiedenen Brennereien. In ihrer eigenen Brennerei konzentrierte sich die Quereinsteigerin zunächst auf Obstbrände, für die sie schon bald mit mehreren Auszeichnungen

bedacht wurde. Aber bereits 2012 destillierte sie auch einen *Hanseatic Single Malt Whisky*, und im April 2015 kreierte sie schließlich ihren ungewöhnlichen Gin *Triple Peak*. Brigitta Schulze van Loon bietet in ihrer Manufaktur Piekfeine Brände übrigens Führungen, Verkostungen und Seminare an.

HERSTELLUNG

Anders als die absolute Mehrheit aller Gins basiert dieser nicht auf einem Getreidedestillat, sondern auf einem zugekauften (milderen) Weindestillat. In diesem werden alle Botanicals mazeriert. Das sind neben dem obligatorischen Wacholder und weiteren mehr oder weniger traditionellen Zutaten wie Koriander, Fenchel und Zitrusfrüchten vor allem drei typisch nordische Wildfrüchte: Hagebutte, Holunder und Sanddorn. Ein sehr feiner Earl Grey Tee vollendet das → Mazerat, das anschließend in einer kupfernen → Brennblase zweifach destilliert wird. Einschließlich des Weindestillats ist dieser Gin also dreifach destilliert. Auf ein Filtern wird verzichtet, damit von der Aromen nichts verloren geht.

VERKOSTUNG

In der Nase drängt sich der Wacholder zunächst vor, wird aber umgehend eingeholt von frischen Zitrusnoten, dann bringen die drei nordischen Wildfrüchte Hagebutte, Holunder und Sanddorn noch einige würzige Töne ein. Auch im Geschmack ist der Wacholder nur dezent dominant, die Bergamotte ist ihm nahezu ebenbürtig, die übrigen Botanicals runden das Wacholder-Zitrus-Doppel am Gaumen harmonisch ab. Der feine Earl Grey Tee hingegen kommt erst im Abgang richtig zur Geltung.

In der Manufaktur Piekfeine Brände sind Besucher zu Führungen und Verkostungen willkommen.

251

41,5 %

Turicum N°3

Markeneigner

Turicum Gin
c/o Better Taste GmbH
Liebensteinstraße 1
8047 Zürich
www.turicum-gin.ch

Produktionsstätte

siehe Markeneigner

Ursprungsjahr der Marke

2015

Das Tor zur Quelle: Hinter dieser Tür
der Better Taste GmbH in Zürich wird
der Turicum hergestellt.

WISSENSWERTES

Die Namen Merlin Kofler, Oliver Honegger, Oscar Martin und Philip Angst sollten sich die Zürcher und am besten sogar alle Schweizer merken. Denn diese vier jungen Zürcher haben in ihrer Heimatstadt 2015 die erste Destillationsanlage überhaupt installiert. Mit ihrem noch im selben Jahr vorgestellten Gin Turicum haben sie bewiesen, dass Gin aus der Schweiz auch in der Weltliga mitspielen kann. Der Markenname Turicum hat übrigens auch mit Zürich zu tun: »Turicum« hieß bei den alten Römern die Siedlung, aus der die heutige Stadt Zürich hervorging.

HERSTELLUNG

Handgepflückte Fichtenspitzen und Lindenblüten vom Zürcher Lindenhof sind mit ihren Aromen im Turicum vertreten. Auch die Hagebutten wurden in Zürich gepflückt. Ferner steht Gewohntes im Rezept wie Blauer Wacholder, Angelikawurzel, Koriandersamen, Pfeffer aus Madagaskar, Schalen frischer Orangen und Zitronen, Orangenblüten, Süßholz – und eine »geheime Zutat«. Die Botanicals werden 36 Stunden lang in Getreidealkohol mazeriert, der von Alco Suisse bezogen wird, und dann in der eigenen Brennanlage zu Gin der Kategorie »London Dry« destilliert.

VERKOSTUNG

Salbei, Koriander, Kirschen und Wacholder kitzeln die Nase. Der Duft betört, und die Nase signalisiert dem Gaumen, was ihn erwartet: Thymian, Orangen- und Zitronenschalen umspielen ihn, ein Bouquet von Aromen lässt die Geschmacksknospen auf der Zunge anschwellen, bleibt aber im Einzelnen doch anonym, weil die Einheit dieser Aromen so harmonisch und stabil ist, dass sie nicht gebrochen werden kann. Ein stämmiger Gin, der aber höchst elegant daherkommt und zu »mehr als probieren« animiert.

45,0%

Uncle Val's Botanical

Markeneigner

3 Badge Mixology
32 Patten Street
Sonoma, California 95476
www.3badge.com/mixology

Produktionsstätte

siehe Markeneigner

Ursprungsjahr der Marke

2012

....
*Auch beim »Gin Cup 2016« wurde
der* Uncle Val's Gin *mit einer Medaille
ausgezeichnet.*

WISSENSWERTES

Die von italienischen Einwanderern abstammenden Sebastianis zählen zu den ältesten Winzerfamilien im kalifornischen Sonoma und zu den erfolgreichsten Unternehmern in Kaliforniens Weinwirtschaft. Das seit 110 Jahren bestehende Familienunternehmen, heute in der vierten Generation geführt, ist auch auf dem Spirituosensektor aktiv, wo die Familie Sebastiani als »3 Badge Mixology« firmiert. Der Firmenname bezieht sich auf die drei Abzeichen (engl. *badges*), mit denen der Großvater des heutigen Inhabers für sein Engagement in der Freiwilligen Feuerwehr des Ortes geehrt wurde. Von der Firma 3 Badge Mixology sind auch in unseren Breiten Bourbon und Rye Whiskey, Rum und eben dieser Gin *Uncle Val's* auf dem Markt, Letzterer in den Varianten *Botanical* und *Peppered* sowie *Restorative*.

HERSTELLUNG

Die Basis ist Neutralalkohol aus Getreide. Als prägende Botanicals nennt der Hersteller Wacholder, Gurke, Zitronenschale, Salbei und Lavendel. Die Botanicals werden längere Zeit mazeriert und nach der Destillation wird der Gin noch durch Kohle und Lavagestein gefiltert. Es ist wohl erwähnenswert, das *Uncle Val's Botanical Gin* glutenfrei ist, nur natürliche Stoffe enthält und folglich ohne jegliche künstliche Aromen, Farbstoffe oder irgendwelche sonstigen Zusätze abgefüllt wird.

VERKOSTUNG

Zitrone, Salbei, Lavendel – die Nase wähnt sich im Italienurlaub, und der ebenso pauschalen wie trefflichen Bemerkung eines Vorkosters »So riecht die Toskana« ist nichts hinzuzufügen. Geradezu seidenweich kommt dieser Gin im Mund an; im komplexen, intensiven Geschmack trumpfen zuerst Wacholder und Salbei auf, dann machen sich die erfrischenden Aromen von Zitruszesten und warme Lavendelnoten bemerkbar und zum Ende hin lässt sich auch noch Gurke schmecken. Der Nachklang dieses *Botanical Gins* ist – nomen est omen – blumig, würzig und frisch.

....

*Diese Marke gibt es außerdem
noch als:*
Uncle Val's Peppered, *geprägt
von gegrillter Paprika, Piment und
Pfeffer, 45 %, sowie*
Uncle Val's Restorative *mit Gurken
und Rosenblättern als besondere
»Würze«, 45 %.*

ungava

Markeneigner

Domaine Pinnacle Inc.
Rue Miner 291
Cowansville, Québec J2K 3Y6
www.ungava-gin.com

Produktionsstätte

siehe Markeneigner

Ursprungsjahr der Marke

2010

Viel zerstoßenes Eis und frische Beeren machen puren ungava *auch zu einem Gin-Drink.*

WISSENSWERTES

Die Domaine Pinnacle ist eine Obstplantage in Québecs pittoresken östlichen Verwaltungsbezirken an den Südhängen des Mount Pinnacle. Sie wurde im Jahr 2000 gegründet, und 2010 fingen die Besitzer Charles und Susan Crawford damit an, per »micro-distilling« Gin herzustellen. Inzwischen ist dieser *ungava Canadian Premium Gin* in mehr als 50 Ländern zu bekommen, und er wurde für seine Qualität auch schon mit zahlreichen Goldmedaillen in Amerika, Europa und Asien ausgezeichnet.

HERSTELLUNG

Der Markenname deutet es schon an: Das ist ein *Nordic Gin*, denn die Halbinsel Ungava liegt in einer Region, wo die Tundra an erste Eislandschaften grenzt. Da ist nicht viel zu holen an Botanicals, und in der Tat kommt der *ungava* Gin auch mit vergleichsweise wenigen, dafür aber regionaltypischen aus: Wacholderbeeren, die hier ganz anders schmecken als in südlicher gelegenen Ländern, Moltebeeren, Schwarze Krähenbeeren und wilde Hagebutten, dazu noch die drei Rhododendron-Arten, aus denen im Allgemeinen der *Labrador Tea* gebrüht wird, und Pflanzen aus dem Kräutertee der Inuit, der unter der Bezeichnung *Arctic Blend* bekannt ist. Diese sechs Botanicals werden sechs bis acht Stunden mazeriert, dann destilliert und als Infusion nachträglich dem Grunddestillat zugesetzt.

VERKOSTUNG

Ein angenehm frischer Duft, unterlegt mit blumigen Noten, in dem der nordische ( ) Wacholder mit seinem Zitrus-Charakter eine tragende Rolle spielt. Am Gaumen zeigen sich zuerst die erfrischend fruchtigen und leicht säuerlichen Aromen von Crowberry (Schwarze Krähenbeere) und Hagebutte, gefolgt von einem herb-würzigen Geschmack, der aus einer Verbindung von Moltebeeren mit dem »Arctic Blend« aus typisch nordischen Botanicals entstand. Im Abgang kommt Wacholder zutage.

VL92 XY

41,7 %

Markeneigner

Sietze Kalkwijk
c/o Bishkek Vodka
Mathenesserdijk 232
3025 GL Rotterdam
www.vl92.com

Produktionsstätte

Van Toor Distillery
Maassluissedijk 32
3131 KB Vlaardingen
www.vl92.com

Ursprungsjahr der Marke

2012

WISSENSWERTES

Die Wurzeln dieses Gins reichen bis zum »Vorfahren« Genever zurück. Nicht nur, weil er wie jener auf einem → Moutwijn-(Malzwein-)Fundament steht. Auch, weil er nach einem historischen niederländischen Segelschiff benannt ist, zu dessen Fracht exotische Gewürze gehörten, die den Brennern jener Zeit allerdings »zu gewagt« für eine Verwendung in ihrem Genever erschienen. Für den Gin *VL92* sind sie aber perfekt.

HERSTELLUNG

Die Basis Moutwijn wird aus einer → Maische gewonnen, die aus 25 % Malz und 75 % ungemälztem Getreide (Gerste, Roggen und Mais) besteht. Wacholderbeeren, Angelikawurzeln, Schalen von Bitterorangen, Aprikosenkerne (!) und Korianderblätter bilden mit weiteren »geheimen« Botanicals das Aroma der beiden *VL92*-Abfüllungen. Wie diese Botanicals verarbeitet werden, und auf welche Art und wie oft destilliert wird, verrät der Hersteller leider nicht.

VERKOSTUNG

Der Malzwein geht mit kräftigem Duft voran – ein in Kornbrand eingeweichtes Stück dunklen Brotes würde wohl einen ähnlichen, durchaus angenehmen Duft verbreiten. Dieser wird aber nicht übermächtig, weil das Zusammenspiel der Botanicals einen Gegenpol aus frischen Frucht- und erdig-nussigen Noten bildet, die apart ergänzt werden durch den Duft der Korianderblätter. Auch am Gaumen kommt diese komplexe Mischung überaus harmonisch an, und im Finish bringen die als Gin-Zutat ungewöhnlichen Korianderblätter als Endnote noch eine überraschende Zitrusnote ins Spiel.

Diese Marke gibt es außerdem
noch als:
VL92 YY *auf der gleichen Basis*
und mit den gleichen Botanicals
wie beim XY, aber im Fass gereift,
45,0 %.

So detaillierte Informationen gibt es
gewiss nicht auf jedem Etikett einer
Gin-Flasche.

44,0%

Von Hallers Gin

Markeneigner

Carl Graf von Hardenberg Jun.
c/o Hardenberg-Wilthen AG
Vorderhaus 2
37176 Nörten-Hardenberg,
Deutschland

Produktionsstätte

The Shed Distillery
Carrick Road
Drumshanbo, Co. Leitrim

Ursprungsjahr der Marke

2016

*Carl Graf von Hardenberg Jun. (links)
zu Besuch in der irischen Destillerie,
die seinen Gin herstellt.*

WISSENSWERTES

Der Schweizer Arzt, Dichter, Publizist und – vor allem – Botaniker Albrecht von Haller galt in der Zeit der Aufklärung als Universalgelehrter, der manch Zitierenswertes hinterließ, zum Beispiel die Feststellung: »Natur macht keine Scherze!«
Im Jahr 1736 gründete er die berühmten Botanischen Gärten in Göttingen, die heute ihre seltenen Botanicals nach Irland schicken, damit sie dort ihre Aromen in einen der ungewöhnlichsten Gins einbringen. Den hat Carl Graf von Hardenberg Jun., Spross der Spirituosendynastie Hardenberg, entwickelt – inspiriert von Albrecht von Haller.

HERSTELLUNG

Aus dem Göttinger Garten werden Kalmus, Zitronenverbene und die Weße Baumfuchsie *(Halleria lucida)* nach Drumshanbo im irischen County Leitrim an die Shed Distillery geliefert. Dort werden diese Botanicals nebst verschiedenen Zitrusfrüchten in einen Korb gegeben, der im Hals der → Pot Still über der Flüssigkeit befestigt ist. Die Aromen dieser Zutaten kommen also per Dampfinfusion in den Gin, während die restlichen Botanicals direkt in den erneut zu destillierenden Neutralalkohol aus Weizen in die Pot Still gegeben werden. Das Ergebnis hätte Albrecht von Haller gewiss gefallen.

VERKOSTUNG

Kräftiger Duft nach Wacholder und frischem Ingwer, in dem sich nach und nach auch Zitrus- und blumige Noten bemerkbar machen und ein Hauch von süßem Tabak; ein kompakter Geschmack im Zusammenspiel von Wacholder, leicht erdigen Ingwer- sowie frischen Zitrusnoten; im anhaltenden Abgang sind eine leichte Süße und verhalten erdige Noten auszumachen.

ISLAND

Vor Icelandic Navy Strength

Markeneigner

Eimverk Distillery
Lyngás 13
210 Gardabaer
www.eimverk.is

Produktionsstätte

siehe Markeneigner

Ursprungsjahr der Marke

2016

WISSENSWERTES

Die Eimverk Distillery ist ein Familienbetrieb, in dem ab 2009 experimentiert wurde, um selbst einen Whisky nach eigenen Vorstellungen erzeugen zu können. Nach drei Jahren und mehr als 160 solchen Experimenten stand das endgültige Rezept fest, und die Verantwortlichen in der Brennerei hatten bei ihren vielen Versuchen genug Erfahrungen gesammelt, um weitere »Icelandic spirits« planen zu können. Dazu gehört auch der Gin.

HERSTELLUNG

Die wichtigsten Informationen sind auf dem Etikett deutlich lesbar: Isländische Gerste ist demzufolge der Rohstoff, aus dem der Basisalkohol gewonnen wird. Die Gerste wird → gemälzt,

Eimverks Master Distiller beim Vorprobieren. »Til góðs«, sagt der Isländer, »zum Wohl«, sagen die Deutschsprachigen.

262

eingemaischt, dann vergoren und schließlich destilliert. Wildwachsende Wacholderbeeren seien drin, erfahren Neugierige beim Studium des Etiketts, auf dem weitere Botanicals allerdings nicht erwähnt sind: Rhabarber zum Beispiel, Schwarze Krähenbeeren, Birkenblätter, Angelikawurzel oder Kriechender Thymian. Die pflanzlichen Zutaten werden zum bereits zweifach destillierten Alkohol – was für den Whisky reicht, aber nicht für den Gin – in die → Pot Still gegeben, und der damit angereicherte Alkohol wird ein drittes Mal destilliert, jetzt zum Gin. Das »Crystal Clear Water«, dem eine eigene Zeile auf dem Etikett zugestanden wird, muss den Gin auf Trinkstärke bringen. Beim *Navy Strength* kann die Brennerei am Wasser sparen: Er bringt satte 57 Prozent auf die Alkoholwaage!

VERKOSTUNG

Nur nicht vom Alkoholgehalt abschrecken lassen! Das C_2H_5OH sticht weder in der Nase noch beißt es auf der Zunge. Vielmehr zeigt sich wieder einmal, dass Alkohol ein optimaler Geschmacksträger ist, der Aromen halten und weitertransportieren kann, ohne sie zu unterdrücken. Die Nase könnte in einem frischen Gerstenbrot stecken, ist der erste Eindruck beim Nosing. Doch dieser durchaus nicht unangenehme Duft wird schnell überlagert von Leder und Pinien, Lavendel, frisch gemähtem Gras und einer anregenden Mischung aus Kräuternoten. Am Gaumen marschiert der *Vor Icelandic Navy Strength* charaktervoll und in rustikalem Stil auf. Er lässt den Wacholder zunächst noch in der Ecke stehen, geht relativ trocken über die Zunge und lässt zuerst erdige Angelikawurzel schmecken, bis dann die Wacholderbeeren doch noch ihren Auftritt haben. Und zum Schluss noch einmal – Gerstenbrot!

· · · · · · · · · · · · · · · · · ·

Diese Marke gibt es außerdem
noch als:
Vor Icelandic Sloe Gin, *eine limitierte*
Likörvariante mit deutlicher Beeren-
note, 21 0 %.

43,0%

Whitley Neill

Markeneigner

Halewood International Ltd
Wilson Road/Huyton Business Park
Liverpool L36 6A
www.halewood-int.com

Produktionsstätte

Langley Distillery
Crosswells Road, Langley Green
Warley, B68 8HA

Ursprungsjahr der Marke

2005

WISSENSWERTES

Zwei Welten vereinen sich in diesem Gin: englische Brenn-
tradition und afrikanische Exotik. Johnny Neill, Spross einer
britischen Brennerfamilie in vierter Generation, setzt auf
zwei südafrikanische Ingredienzen, die seinem Gin einen exo-
tischen Touch geben: auf Baobab, die Frucht des Affenbrotbaumes, und auf Cape Gooseberry, die wir als Andenbeere oder
Physalis kennen. Es gibt aber noch einen weiteren Zusammen-
hang mit Afrika: Das Unternehmen Halewood International
Ltd, seit 2009 Markeneigner von *Whitley Neill*, spendet vom
Erlös aus jeder Flasche dieses Gins einen Teil an »Tree Aid«,
eine Wohltätigkeitsorganisation, die einigen der ärmsten
Afrikaner hilft, ihr Einkommen zu sichern. Unter anderem geht
es dabei um das Pflanzen und Hegen der Affenbrotbäume,
deren Früchte diesen Gin würzen.

HERSTELLUNG

Neun Botanicals genügen, um diesen Gin geschmacklich aus
dem Rahmen des Üblichen zu heben: Neben den zwei bereits
erwähnten afrikanischen Ingredienzen und dem Grundstoff
Wacholder sind das noch Angelikawurzel, Koriandersamen,
Orangen, Zitronen, Cassiarinde und Iriswurzel. Für einige
Stunden werden die Geschmacksgeber in einer Mischung aus
Getreidealkohol und Wasser mazeriert, dann wird in zwei alten
kupfernen → Pot Stills destilliert. Statt als »Handcrafted Dry
Gin« dürfte *Whitley Neill* also auch als »London Dry Gin« aus-
gewiesen werden, aber »Handcrafted« klingt wohl besser.

VERKOSTUNG

Mit der Nase sind Wacholder und Zitrusfrüchte deutlich wahrnehmbar; dazu kommen etwas pfeffrige Würze (Koriander?)
und florale Aromen. Am Gaumen kommt dieser Gin zunächst
süßlich-cremig an, dann macht sich eine üppige Wacholdernote breit, begleitet von Zitrusfrüchten und einem fruch-
tig-würzigen Aromenensemble mit exotischem Einschlag. Im
erfreulich langen Abgang hinterlassen Baobab und Physalis,
kandierte Zitrusschalen und Koriander ihre Spuren.

Johnny Neill, in der vierten Generation
einer Familie von Brennern, kreierte 2005
den Whitley Neill.

Wien Gin

43,0 %

Markeneigner

Kesselbrüder GmbH
Koschiergasse 25
1210 Wien
www.kesselbrueder.com

Produktionsstätte

wechselnd

Ursprungsjahr der Marke

2014

*Die drei »Kesselbrüder« Achim, Flo
und Thomas sind die Schöpfer und
Hersteller des Wien Gin.*

WISSENSWERTES

Achim, Flo und Thomas sind »Kuckucksbrenner«. Was das sein
soll? Ganz einfach: Da sie über keine eigene Brennerei ver-
fügen, mieten sie sich für jeden Brenndurchgang bei befreun-
deten Destillateuren ein. Die »drei einfachen Wiener
Burschen«, wie sie sich selbst beschreiben, leben ihren Traum:
Mit höchsten Qualitätsansprüchen und unerschrockener
Beharrlichkeit wollen sie ihrer geliebten Stadt ein hochprozen-
tiges Denkmal setzen. Und was wäre als Denkmal besser
geeignet als ein Gin, der nach »österreichischer Manier ver-
edelt« und mit typischen Wiener Zutaten aufgewertet wird?
Und da diese Hommage an die Heimatstadt expressis verbis als
Wien Gin etikettiert und in der Unterzeile außerdem noch als
Handcrafted Vienna Dry Gin beschrieben ist, kann dieser Gin
durchaus als Denkmal gelten.

HERSTELLUNG

Eisenkraut, Muskatblüte, heimischer Holunder, Orangen und
Zitronen unterstützen den Wacholder; vielleicht spielen auch
noch ein paar Botanicals mehr eine aromatisierende Rolle. Alle
pflanzlichen Zutaten werden in Getreidealkohol mazeriert und
in Kleinanlagen, wie sie auch zur Herstellung von Edelbränden
genutzt werden, destilliert. Aromastoffe jeglicher Art haben
bei den »Kesselbrüdern« absolutes Kesselverbot, denn das Trio
versichert glaubhaft, auf höchste Qualität zu achten.

VERKOSTUNG

Fein ausbalancierter Duft nach Wacholder, Orangenschalen
und Kräutern, dazu die süßen Noten von Holunderblüten
und eine feine Ingwerschärfe; am Gaumen eine feine, blumige
Süße, dazu der kräftige Wacholdergeschmack und, deutlich
erkennbar, Koriander sowie ein Hauch von Zitrusfrüchten.

47,0%

Windspiel

Markeneigner

Windspiel Manufaktur GmbH
Lieserpark 1
54550 Daun
www.windspiel-manufaktur.com

Produktionsstätte

Windspiel Manufaktur
Weilerhof
54570 Berlingen

Ursprungsjahr der Marke

2014

WISSENSWERTES

Ein selbstbestimmtes, naturnahes Leben führen und ehrliche Produkte erzeugen, diese Vision führte Sandra Wimmeler, Denis Lönnendonker, Rebecca Mertes und Tobias Schwoll schon 2008 auf den Weilerhof in der Vulkaneifel. Das Quartett betrieb naturnahe Landwirtschaft, und eines Tages wollte sich Tobias einen Kindheitstraum erfüllen: Kartoffelbauer wollte er sein, was bei den steinigen Böden in der Eifel eine Herkulesaufgabe ist. Doch es klappte, und als die »Viererbande« eines Abends bei Kartoffeln und einem Gläschen Gin zusammensaß, hatte Denis eine Idee: Gin aus edlen Kartoffeln statt aus dem üblichen Getreide zu brennen! So begannen die Kartoffelbauern zu experimentieren und stellten sich mit Holger Borchers sogar noch einen erfahrenen Destillateurmeister zur

Seite. Nach Monaten stand das Rezept dann für ihren *Premium Dry Gin* fest. Bei der Suche nach einem Markennamen für ihren Gin erinnerten sie sich daran, dass es schließlich Friedrich der Große gewesen war, der die Kartoffel nach Deutschland gebracht und hier heimisch gemacht hatte. Der »Alte Fritz« hatte bekanntlich eine große Leidenschaft für Hunde, genauer für die Rasse(n) der auch »Windspiele« genannten Windhunde! Und so hatte der Gin seinen Namen.

HERSTELLUNG

Zunächst werden die auf dem Weilerhof selbst angebauten Kartoffeln zum Basisalkohol verarbeitet. Dafür werden die »tollen Knollen« auf zwei Millimeter gemahlen, mit Trinkwasser versetzt und so zu einer pumpfähigen Breimasse verarbeitet, vulgo zur → Maische, die zum Vergären gebracht wird. Die so gewonnene leichtalkoholische Maische wird destilliert: einmal, ein zweites Mal und – ungewöhnlich – sogar ein drittes Mal, jetzt aber in einem besonderen Verfahren. Wenn der Kartoffelalkohol fertig ist, geht es an die Botanicals: Wacholderbeeren, Zitronenschalen, Koriander, Lavendelblüten, Zimtrinde, Ingwer und ein paar »Geheime« mehr werden bis zu mehrere Wochen lang in Alkohol mazeriert. Die Wacholderbeeren werden anschließend destilliert, danach die übrigen Botanicals. Dieses Destillat aus den Botanicals lagert anschließend mehrere Wochen lang und wird dann bei der Abschlussdestillation mit dem Kartoffeldestillat »verschmolzen«. Nach kurzer Lagerung wird auf Trinkstärke herabgesetzt.

VERKOSTUNG

In der Nase präsentiert sich dieser Gin weich und elegant mit einem holzigen Unterton, der Wacholder dominiert den Duft, in seinem Gefolge finden sich noch blumige Zitrusnoten und ein Hauch von Zimt. Am Gaumen ist der *Windspiel* erfrischend und mild. Auch im Geschmack überwiegt der Wacholder, der am Gaumen von einem erfrischenden Zitrusaroma eskortiert und zudem von Koriander und Zimt fein abgerundet wird. Der Nachklang des *Windspiel* ist warm, weich und erfrischend.

40,0 %

Xellent
Swiss Edelweiss Gin

Markeneigner

DIWISA Distillerie Willisau SA
Menznauerstraße 23
6130 Willisau
www.diwisa.ch

Produktionsstätte

siehe Markeneigner

Ursprungsjahr der Marke

2012

WISSENSWERTES

Die Marke *Xellent* wurde 2003 vom damaligen DIWISA-CEO Andreas Affentranger gegründet und stand zuerst nur für den *Vodka*. Die Distillerie Willisau SA, kurz DIWISA, ist inzwischen im Besitz von Adrian Affentranger, der mit dem Vorbesitzer jedoch nicht verwandt ist. Und der *Xellent Vodka* hat seit 2012 einen Bruder: den *Xellent Swiss Edelweiss Gin*. Goldmedaillen gab es schon für beide.

HERSTELLUNG

Als alkoholische Basis für den *Xellent Gin* wird der *Xellent Vodka* eingesetzt. Den ersten Weg gehen die »Brüder« also zusammen. Hochwertigster Schweizer Roggen der Sorten »Picasso« und »Matador« wird zusammen mit frischem Gletscherwasser vom Titlis zum Vodka oder eben auch zur Vorstufe des Gin: Die erste Destillation findet in kleinen kupfernen → Brennblasen von je 500 Liter Volumen statt. Beim zweiten Destillieren, jetzt in einem Kolonnengerät mit 45 → Glockenböden, wird der → Rohbrand gereinigt und kondensiert,

eine dritte Destillation verfeinert dann den Geschmack, macht den *Xellent* glasklar und hebt seinen Alkoholgehalt auf 96 % vol an. Während der folgenden Ruhephasen wird der Gehalt an Alkohol mit weichem, sauerstoff- und mineral-haltigem Titlis-Gletscherwasser Schritt für Schritt auf 40 % vol herabgesetzt. In der Zwischenzeit wurden die Botanicals »behandelt«, das heißt: mehrere Stunden in Vodka eingelegt und dann getrocknet. Insgesamt sind es 25 Kräuter und Beeren, aber mehr Botanicals als Edelweiß, Zitronenmelisse, Lavendel, Holunderblüten und Waldmeister werden nicht verraten. Zur vierten Destillation, die wieder in der → Pot Still abläuft, werden dem Vodka die schonend getrockneten Botanicals beigefügt, die den Vodka per destillationem zum Gin machen.

VERKOSTUNG

Die Nase nimmt einen feinen Duft nach Zitronenmelisse, Edelweiß ( ) und Lavendel wahr, aber auch den etwas dezenter auftretenden Wacholder. Am Gaumen ist eine außergewöhn-liche Frische der erste Eindruck, der ausgelöst wird durch die ätherischen Kräuteröle; Wacholder ist ebenso zu schmecken wie feine blumige Noten, die von Lavendel und Edelweiß ein-gebracht werden. Der Abgang ist rein, frisch und geschmeidig, was auch am Gletscherwasser liegt, mit dem das Destillat reduziert wurde.

Brennmeister Franz Huber probiert das Destillat aus dem vierten und letzten Brennvorgang.

44,0 %

Z44

Markeneigner
Roner AG Brennereien
Josef-von-Zallinger-Straße 44
39040 Tramin (BZ)
www.roner.com/de

Produktionsstätte
siehe Markeneigner

Ursprungsjahr der Marke
2015

WISSENSWERTES

Die Zahl im Markennamen hat nichts mit dem Alkoholgehalt dieses Gins zu tun und ist auch keinerlei Hinweis darauf, dass exakt 44 Botanicals dessen Aroma bilden. Der Name Z44 deutet allein auf die Adresse des Roner-Firmensitzes in der Josef-von-Zallingerstraße 44 in Tramin hin. Die Geschichte der renommierten Brennerei Roner begann anno 1946 mit Gottfried Roner, der in seinem Elternhaus eine → Brennblase aufstellte und zunächst nur Grappa brannte. Später mazerierte und destillierte er auch Wurzeln und Beeren, und schließlich begann er mit dem Destillieren von Obst. Heute hat bereits die dritte Generation das Ruder in der Hand, die Brennerei wurde verlagert und vergrößert, die Familie übernahm zusätzlich eine Weinkellerei, das Angebot an Spirituosen wurde erweitert. Und seit 2015 gibt es von Roner diesen Gin, den Botanicals aus der Region zu einem Südtiroler Gin machen. Der wurde sowohl mit dem »World Spirits Award 2016« in Gold als auch mit dem »Goldenen Preis der DLG 2016« ausgezeichnet, was zweifellos für seine Qualität spricht.

HERSTELLUNG

Es sind insgesamt 15 Botanicals, die das Aroma des Z44 bilden,
aber wirklich prägend sind außer dem Wacholder wohl nur
Enzian- und Veilchenwurzel, Schafgarbe und eine Essenz aus
Zirbenzapfen. Von diesen 15 pflanzlichen Zutaten werden 14
zwölf Stunden vor der Destillation direkt in der → Brennblase
kalt mazeriert – nach dieser Zeitspanne wird die Brennblase
langsam aufgeheizt, und die Destillation beginnt. Die Zirbenzapfen, die das aromatische Sahnehäubchen auf der Z44-Torte
sind, werden nicht mit den anderen Zutaten mazeriert und
destilliert, sie bekommen eine Extra-Behandlung. Die frischen,
reifen Zapfen der Zirbelkiefer werden im Sommer von Hand
gepflückt, in der Brennerei aufgebrochen und für sich alleine
mazeriert, allerdings länger als die anderen Zutaten. Dieses
→ Mazerat wird dann in derselben Brennblase destilliert
wie jenes aus den 14 Botanicals. Die Brennblase für den Gin
in der auf Obstbrände spezialisierten Brennerei Roner fasst
250 Liter, hat einen aufgesetzten Helm, jedoch weder Verstär-
kerböden noch Kühler, ist also »ohne technischen Schnick-
schnack«. Folglich erfordert das Brennen vom Destillateur
ein Höchstmaß an Geschick und Feinfühligkeit.

VERKOSTUNG

Eine »volle Ladung« für die Nase, dieser komplexe Duft, zu
dem Wacholder, Zirbenzapfen, vielerlei Kräuter und Wurzeln
sowie Blüten beitragen. Am Gaumen wetteifert der Wacholder
mit dem schwer zu beschreibenden Geschmack von Zirbenzapfen (Nadelholz? Menthol?) um die Vorherrschaft, auch
Enzianwurzel und Schafgarbe machen sich bemerkbar; »ganz
hinten« spielen noch Veilchen mit.

NIEDERLANDE

Zuidam

Markeneigner

Zuidam Distillers B.V.
Smederijstraat 5
5111 PW Baarle-Nassau
www.zuidam.eu

Produktionsstätte

siehe Markeneigner

Ursprungsjahr der Marke

keine Angabe

WISSENSWERTES

Zuidam Distillers ist eine der wenigen noch in Familienbesitz befindlichen und auch von der Familie geführten Brennereien in den Niederlanden. Fred und Helene van Zuidam fingen im Jahre 1974 klein an, stellten nur einen Genever und zwei Liköre her. Mit den Jahren allerdings stiegen die Umsätze, und das Sortiment wuchs parallel dazu: Heute, da bereits die beiden Gründersöhne Gilbert und Patrick van Zuidam das Geschäft führen, stellt die Zuidam Distillers BV mehr als 20 Genever her, die zwischen einem Jahr und 20 Jahre gereift sind. Das Familienunternehmen produziert sowohl Malt als auch Rye Whisky, verschiedene Gins und mehr als 160 verschiedene Liköre. Zuidam ist übrigens die einzige Brennerei in Holland, in der die gesamte Produktion von der Gärung über das Destillieren und Reifen bis zur Abfüllung an nur einem einzigen Ort abläuft – auf dem eigenen Betriebsgelände.

HERSTELLUNG

Neun Botanicals stecken im *Zuidam Dry Gin*: Wacholderbeeren und Iriswurzeln aus Italien, Vanille aus Madagaskar, Süßholzwurzeln aus Indien, Kardamom aus Ceylon, Angelikawurzeln, frische süße Orangen und Zitronen aus Spanien und Koriander aus Marokko. Anders als die absolute Mehrheit im Gin-Geschäft, die alle ihre Botanicals zusammen destilliert, trennen die Zuidams sorgfältig. Zutat für Zutat wird jeweils für sich allein destilliert. »Nur durch dieses separate Destillieren erhalten wir von jeder Zutat auch die puren, reinsten Aromen.« Das Optimum an purem Geschmack aus jedweder Zutat herauszuholen, gehört zum Qualitätsdenken der Zuidams. Und deshalb kaufen sie für ihren Gin auch nicht x-beliebige Vanille oder gar Vanilleextrakte, sondern nur ganze Vanillebohnen – zum Beispiel. Nach den individuellen Destillationen wird der final blend zusammengestellt. Diese Mischung hat insgesamt 14 Destillationen hinter sich: fünf für die Basisspirituose und neun für die neun Botanicals. Noch aufwendiger lässt sich ein Gin vermutlich nicht herstellen.

VERKOSTUNG

In der Nase ein sauberer, reiner Duft mit frischen Zitrus- und erdigen Wacholdertönen, ein betörender Hauch von Gewürzen und Vanille. Auf der Zunge und am Gaumen ist tatsächlich jede einzelne Zutat zu erkennen, obwohl sich alle neun zu einer harmonischen, ausgewogenen Einheit zusammengetan haben. Zum Mixen fast zu schade – so ein Gin will pur getrunken, will »erforscht« werden.

Zwei Brüder aus der Familie Wacholder, die sich ähneln: Zuidam Dry Gin *und* Zuidam Genever.

46,0%

Zurich Dry Gin

Markeneigner

Urs Streuli
Streulis Privatbrennerei
Rietwiesstraße 139
8810 Horgen
www.streulis.ch

Produktionsstätte

siehe Markeneigner

Ursprungsjahr der Marke

2016

Der Brenner füllt die Botanicals für den Zurich Dry Gin *in die modernere der beiden → Brennblasen.*

WISSENSWERTES

Urs Streuli war (und ist noch) eigentlich spezialisiert auf Obstbrände. Mit diesen hat er schon zahlreiche Auszeichnungen eingeheimst, und letztlich verdankt er es wohl auch dieser Spirituosenkategorie, dass er bei der »DistiSuisse 2015/16« zum Brenner des Jahres gekürt wurde. Aber »bei den Obstbränden kann man nicht experimentieren, diese sollen ja möglichst authetisch sein«, stellte er einmal fest, als »Der Landbote« über ihn berichtete, »beim Gin hingegen kann ich durch die beigegebenen Kräuter selber etwas kreieren.« Nun, er hat kreiert. Aber es waren viele Versuche in Zusammenarbeit mit der Eidgenössischen Forschungsgesellschaft Agroscope nötig, bis er genau den Gin entwickelt hatte, der seinen Vorstellungen entsprach. Sein *Zurich Dry Gin* ist allerdings nur einer von zwei, die in Streulis Privatbrennerei destilliert werden, den *Noble White* (siehe Seite 197) stellt er im Auftrag her.

HERSTELLUNG

Obwohl dieser Gin »nur« als *Dry Gin* ausgewiesen ist, wird er dennoch nach den Vorgaben für die Qualitäts-/Sortenbezeichnung »London Dry Gin« hergestellt. Das heißt, dass die Wacholderbeeren und die Zitronenschalen, der Koriander und der Zimt sowie Veilchenwurz und die (geheimgehaltenen) weiteren drei Botanicals destilliert werden. Da auch auf den Zusatz von jeglichen süßenden Stoffen verzichtet wird, entspricht der *Zurich Dry* tatsächlich einem Gin der Sorte »London Dry Gin«.

VERKOSTUNG

Ein intensiver Wacholderduft steigt in die Nase, begleitet von dezenten Zitrustönen. Auch im Mund ist der *Juniperus* tonangebend, lässt aber auch leicht süße Zitrusnoten zur Geltung kommen. Das angenehm ausgewogene Aroma dieses vollmundigen Gins wird abgerundet von Koriander und Zimt.

Diese Marke gibt es außerdem
noch als:

Geckos Fassgelagert, *zu gleichen
Teilen aus Ex-Bourbon- und
Ex-Rumfässern, 43 %.*

4 Geckos Legong

Markeneigner

AltEnderle V&B GmbH
Bofsheimer Straße 8
74749 Rosenberg-Sindolsheim
www.altenderle.de

Produktionsstätte

siehe Markeneigner

Ursprungsjahr der Marke

2015

Das Logo der Edelbrand- und
Likörmanufaktur AltEnderle, die den
Gin 4 Geckos herstellt.

WISSENSWERTES

Wie kommt man bloß auf die Idee, eine Gin-Marke *4 Geckos* zu nennen? Joachim Alt und Michael Enderle waren im Frühjahr 2015 auf einer Geschäftsreise in Indonesien. Als die Partner nach einem langen Arbeitstag noch gemütlich an der Bar saßen, kletterten vier Geckos die Wand dieser Bar hoch. Warum dieser Anblick das Duo jäh zu dem Entschluss bewog, einen Gin mit typisch indonesischen Gewürzen und Früchten zu kreieren, bleibt wohl ein Rätsel. Aber einen Namen für diesen Gin hatten die Kreativen da immerhin schon. Und noch im gleichen Jahr stand auch das Rezept für *4 Geckos* fest, den Gin, den es mittlerweile bereits in einer Serie mit insgesamt fünf verschiedenen Sorten gibt.

HERSTELLUNG

Nach EU-Regularien fallen die *4-Geckos*-Gins sowohl unter die Bezeichnung »Distilled Gin« als auch unter »London (Dry) Gin«. Sie basieren auf Neutralalkohol, der aus biozertifiziertem Weizen erzeugt wurde. Für die Variante *Legong* kommen neben Wacholder und »indonesischen Kräutern, Früchten, Wurzeln« (Näheres wird nicht verraten) auch Zitronengras, Mangustini, frische Zitronen und zudem Mangos aufs Tablett der Botanicals. Diese werden dann mit dem Basisalkohol destilliert.

VERKOSTUNG

Raffiniert abgestimmte Aromen mit einer frischen Zitrusnote in der Nase; neben Wacholder tragen zum Duft auch die typisch indonesischen Botanicals bei. Auch der einzigartig samtige Geschmack gibt nach und nach einzelne Aromen frei – Zitronengras, Mangos, frische Zitronen und Mangustini zum Beispiel. Der Wacholder sorgt schließlich dafür, dass die Früchte diesen Gin nicht dominieren.

Gin in der Praxis

PROBIEREN – DER WEG ZUM GENUSS

Gin pur zu trinken, ist in unseren Breiten, anders als etwa in Großbritannien oder in Skandinavien, eher die Ausnahme als die Regel. Gin ist in Misch- und Mixgetränken gefragt, und einer Mehrheit genügt es offenbar, wenn die Spirituose einem »Gin & Tonic« den nötigen Alkohol und das typische Aroma gibt, einen Vermouth Dry zum »Martini Dry« befördert oder mit Campari und einem Vermouth Rosso im Klassiker »Negroni« ein apartes Trio bildet. Aber purer Gin? Der sei »zu stark«, meinen viele. Und es gibt immer noch Zeitgenossen, die behaupten: »Da schmeckt doch einer wie der andere!« Das kann allerdings nur jemand sagen, dessen Fähigkeiten zum Riechen und Schmecken noch sehr ausbaufähig sind.

Tatsächlich ist kaum eine Aussage so zutreffend wie: »No two Gins are the same!« Was schon früher festgestellt wurde, als es noch vergleichsweise wenige Gin-Marken gab und kaum ein Dutzend immer gleicher Botanicals die einzige Würze war, gilt heute umso mehr: Hunderte Gin-Marken, auf verschiedene Arten mit zahlreichen, höchst unterschiedlichen Zutaten aus aller Welt hergestellt, bilden ein Angebot, von dem Gin-Pioniere wie Joseph Bishop, Thomas Dakin, Alexander Gordon und Charles Tanqueray nicht einmal zu träumen gewagt hätten. Es ist wirklich eine »Safari für die Sinne«, diesen Dschungel aus Düften und Aromen zu erkunden.

Sind Sie an dieser »Safari« interessiert? Dann sollten Sie ab sofort jeden Gin zunächst pur probieren, bevor Sie ihn mit was auch immer mischen oder mixen. Bei einem richtigen Tasting, wie eine Verkostung heute allgemein bezeichnet wird, hat das banale Schnapsglas mit zwei oder auch vier Zentiliter (kurz: cl) absolutes Tischverbot: Nur ein sogenanntes Nosing glass (abgeleitet vom englischen to nose, »schnüffeln«) bringt die Aromen bestens zur Geltung. Dieser Glastyp hat einen Stiel, damit die Probe nicht durch die Hand am Glas erwärmt wird. Es verjüngt sich nach oben, damit sich so wenig wie möglich vom Duft buchstäblich in Luft auflösen kann. Für ein ernsthaftes Probieren darf der Gin – wie jede andere Spirituose auch – keinesfalls direkt aus dem Kühlschrank kommen (und

Ein wirklich ideales Glas für ein richtiges Tasting ist zum Beispiel dieses »Rastal Harmony 11«.

schon gar nicht aus dem Gefrierfach!), denn Kälte unterdrückt Aromen und kaschiert übrigens auch Mängel. Wer möglichst viel »erschnüffeln« will, gießt den Gin mit einer Temperatur von etwa 15 Grad Celsius ins Probierglas.

Halten Sie sich nicht mit der »Augenprobe« auf: Gin ist fast immer farblos, und ob eine im Fass gereifte Abfüllung dieser Spezies nun von zartgelber Farbe ist oder schon in Richtung Bernstein geht, ist ziemlich unwichtig. Konzentrieren Sie sich zunächst auf das Riechen:

Fassen Sie das Glas am Stiel, schwenken Sie den Inhalt etwas und schnuppern Sie dann, wobei Sie das Glas dicht unter der Nase hin und her bewegen. Welche einzelnen Gerüche können Sie jetzt schon identifizieren? Wacholder vielleicht? Zitrusfrüchte? Oder einfach nichts als »Schnaps«? Geben Sie nicht gleich auf, wenn Sie bei Ihrem ersten ernsthaften Nosing, wie die Fachleute solche Riechproben nennen, nur wenige Gerüche erkennen oder benennen können. Wenn Sie den Gin mit etwas (!) stillem Wasser verdünnen (auf etwa 25 % vol), »öffnet« er sich und gibt mehr Düfte frei. Verdünnen sollten Sie allerdings erst, nachdem Sie bereits den ersten Probeschluck in Originalstärke genommen haben.

Ihr Nosing war, trotz Verdünnens, enttäuschend? Sie haben nur wenige von den Gerüchen erkannt, die Sie eigentlich hätten erkennen müssen? Kein Grund zur Resignation, sondern Ansporn fürs Trainieren des Geruchssinnes: Wissenschaftler haben festgestellt, dass Ungeübte rund 50 Prozent der wiederholt dargebotenen Gerüche wiedererkennen und auch korrekt benennen können, trainierte »Schnüffler« die Trefferquote aber auf weit über 90 Prozent steigern können. Riechen Sie also bei jeder Gelegenheit an allem Ess- und Trinkbaren, was Ihnen in die Hände fällt. Ordnen Sie jeden Geruch umgehend in eine dieser »Schubladen« ein: blumig – fruchtig – würzig (z. B. Zimt, Anis, Vanille, Pfeffer) – grün (Gras, Heu, Gurken) – holzig – harzig (Kiefernholz, Wacholder, Weihrauch) – erdig (Erde, Wurzeln). Ihr Geruchssinn wird dank solcher (regelmäßiger!) Übungen zunehmend geschärft.

Dem Riechen folgt das **Schmecken**, das allerdings nur dann zufriedenstellend ausfallen kann, wenn auch der Geruchssinn einigermaßen funktioniert. Denn was die Nase nicht wahrnimmt, können auch Zunge und Gaumen nicht identifizieren. Wenn Sie das nicht glauben, versuchen Sie doch einmal, mit einer durch eine Wäscheklammer komplett »abgedichteten« Nase und verbundenen Augen in ganz feine Würfel geschnittene Äpfel von ebenso fein geschnittenen Zwiebeln beim Schmecken zu unterscheiden. Sie werden staunen.

Nehmen Sie einen guten Schluck vom Gin und lassen Sie diesen zunächst für einige Sekunden auf der Zunge liegen. »Brennt« oder »beißt« er? Für einen Profi könnte das der Hinweis auf einen Fehler beim Destillieren sein, aber Laien fühlen solches »Brennen« meist schon, weil sie es einfach nicht gewohnt sind, überhaupt eine Spirituose auf der Zunge zu belassen, anstatt sie sofort hinunterzuschlucken. Jetzt bewegen Sie den Gin im Mund hin und her, indem Sie – mit fest geschlossenen Lippen – intensives Kauen simulieren. Die Probe muss über die ganze Zunge verteilt werden und auch noch den Gaumen »tapezieren«. Denn die Zunge allein erkennt nur fünf Geschmacksrichtungen: Auf ihrer Spitze sind die Geschmacksknospen angesiedelt, die Süß erkennen. Die Geschmackszone Salzig befindet sich an den vorderen Seiten der Zunge, Sauer ebenfalls an den Seiten, aber weiter hinten. Bitteres wird auf dem hinteren Teil der Zunge wahrgenommen, und die noch nicht sehr lange bekannte Geschmackszone Umami, deren Geschmacksknospen Eiweißstoffe erkennen, die in Fleisch, Fisch oder Milch enthalten sind, liegt in der Mitte der Zunge. Die feinen, einzelnen Aromen hingegen werden vom Gaumen und von zusätzlichen Zellen in der Mundhöhle wahrgenommen. Daher ist es wichtig, den Mund lang und intensiv genug mit dem Gin (oder was immer Sie sonst probieren) »auszuspülen«.

Jetzt dürfen Sie schlucken. Holen Sie danach tief Luft, und verfolgen Sie auch den Abgang ihres Gins: Was blieb von den Aromen, die Sie gerochen und geschmeckt haben? Ist das »Echo« kurz, mittellang oder sogar lang? Noch ein Tipp:

Probieren »an der Quelle« ist zum
Beispiel im Besucherforum der
Birkenhof-Brennerei möglich.

Notieren Sie alles, was Sie beim Riechen und Schmecken entdeckt haben – am besten jeweils sofort. Und wenn Sie Zeit und
Lust haben, sollten Sie das Riechen und das Schmecken mit
dem jetzt etwas verdünnten Gin wiederholen. Vergleichen Sie
die dabei gemachten Notizen anschließend mit jenen aus
der ersten Verkostung – es sind wahrscheinlich einige mehr.

Wenn Sie Gefallen am Probieren gefunden haben, erweitern Sie diese »Safari für die Sinne« doch um Vergleichsproben
von zwei oder mehr idealerweise sehr unterschiedlichen
Marken. Laden Sie dazu Freunde oder Bekannte ein, die ebenfalls an Gin interessiert sind. Wenn jeder seinen Lieblings-Gin
mitbringt, kann das ein sehr interessantes Tasting werden.
Dazu brauchen Sie allerdings je Probe und Teilnehmer (mindestens) ein Nosing glass. Außerdem sollten Sie trockenes
Weißbrot bereitstellen und genügend Wasser zum Neutrali-
sieren der Geschmacksnerven. Und wundern Sie sich bitte
nicht, wenn in der Runde teilweise völlig unterschiedliche Ein-
drücke aufeinanderprallen: Dass (fast) jeder etwas anderes
riecht und schmeckt, ist völlig normal – und ein »richtig« oder
»falsch« gibt es nicht.

Wenn Ihnen ein größeres Tasting in den eigenen vier
Wänden zu viel Aufwand ist, suchen Sie im Internet nach
Gin-Tastings. Die werden mittlerweile im ganzen deutschsprachigen Raum in den verschiedensten Städten und Lokalitäten
angeboten und überdies geleitet von Personen, die sowohl
vom Gin als auch vom professionellen Probieren eine Menge
verstehen. Außerdem haben sie (meistens jedenfalls) Zugriff
auf weit mehr verschiedene Marken als »Otto Normalverbrau-
cher«. Zur Schulung der Sinne empfiehlt es sich außerdem,
möglichst viele Gelegenheiten zum Besuch von Brennereien zu
nutzen. An der Quelle eines Gins gibt es womöglich noch
einiges mehr zu erfahren als das, was in der einschlägigen Literatur nachzulesen ist. Außerdem schmecken ja bekanntlich
Getränke jedweder Gattung und Sorte grundsätzlich da am
besten, wo sie hergestellt werden.

GEMIXTES – KEIN SOLO FÜR DEN GIN

Mag schon sein, dass die Vielzahl neuer, nicht selten gänzlich »anderer« Gins dazu führt, dass gerade diese Spirituose nun häufiger pur getrunken wird. Warum sollte das, was mit dem Rum funktionierte (der seit geraumer Zeit auch immer häufiger »ohne alles« bestellt wird), nicht auch mit dem Gin klappen? Doch auch dieser mögliche Trend wird nichts daran ändern, dass der Gin bleiben wird, was er immer war: die Nummer 1 unter den Basisspirituosen für Misch- und Mixgetränke. Der Nachfahre des von Barmixern in den USA einst gern als »Dutch Gin« bezeichneten Genevers hat bisher noch jede Mix-Mode überstanden, ob Tequila-, Cachaça- oder Rum-Trend, er wird auch den aktuellen Hang vieler Barkeeper zum Wodka überstehen – Brandy und Whisk(e)y konnten ihm als Mixspirituosen ohnehin nie das Wasser reichen. Eine Bar ohne Gin sei wie die italienische Küche ohne Pasta, schrieb der weit über die Grenzen Bayerns und Deutschlands hinaus bekannte Barkeeper Charles Schumann in seinem Buch »American Bar« bereits im Jahr 1991. Dieser Feststellung ist nichts hinzuzufügen.

Mit keiner anderen Spirituose wurden so viele Bar-Drinks kreiert wie mit Gin. Ohne ihn gäbe es keinen »Martini Dry«, der nicht von ungefähr als König der Cocktails bezeichnet wird. Der nicht nur in unseren Breiten mit Abstand beliebteste Longdrink ist nach wie vor der »Gin & Tonic«. Der »Gin Fizz« ist wie der meist zu »Gimlet« verkürzte »Marlowe's Gin Gimlet« ein Longseller in den Bars der Welt. Und als »Pink Gin« wurde diese Spirituose in Bars wieder zu dem gemacht, was ihr Vorgänger Genever ursprünglich hatte sein sollen: Arznei oder jedenfalls ein hilfreicher Schluck.

Charles Schumann schrieb seinerzeit auch: »Wenn ich mich für eine einzige Spirituose entscheiden müsste, dann wäre es mit Sicherheit der Gin.« Denn er braucht nicht zwei, drei oder sogar mehr weitere Zutaten, um ein individueller Drink zu werden, weil er selbst schon eine Marke für eine individuelle Basis ist. Und diese Feststellung trifft angesichts des heutigen, kaum noch überschaubaren Angebots an Gin in

Zweifach variiert: »Martini« auf Basis von Hendrick's, *in der Cocktailschale statt im Cocktailspitz serviert und mit zu dem Gin passender Gurkenscheibe statt der üblichen Olive mit Stein garniert.*

Zur Marke Windspiel *gibt es sogar das eigene perfekt auf diesen Gin abgestimmte Tonic Water.*

mehrerlei Sorten erst recht zu. Beispiel »Gin & Tonic«. Noch Ende des letzten Jahrhunderts, des zwanzigsten wohlgemerkt, hatte weder ein Barkeeper noch ein Gast sonderlich viel Auswahl: Es gab kaum mehr als ein Dutzend gängiger Gin-Marken, ein bekanntes Tonic Water namens Schweppes, vielleicht noch zwei, drei weitere weniger bekannte. Heute steht eine kaum noch überschaubare Zahl von Gins in verschiedenen Sorten zur Verfügung, und jeder Gin ist in Duft und Geschmack ein Unikat. Parallel zu dieser Entwicklung schossen auch neue Tonic-Water-Marken wie Pilze aus dem Boden: Schweppes, einst Monopolist, hat ein Dutzend Konkurrenzmarken bekommen, von A wie Aqua Monaco über F wie Fever Tree und T wie Thomas Henry bis zu W wie Windspiel. Einige sind in zwei oder gar mehr Versionen erhältlich, sodass Händler sie schon in Kategorien anbieten: »Klassische«, »Dry«, »Florale und fruchtige« und last but not least »Würzige Tonic Water«. Die Möglichkeiten, verschiedenste Gins mit diesem *Filler*, wie Barkeeper die Getränke zum Auffüllen generell nennen, zu kombinieren, sind schier unerschöpflich.

»Liebl's Melon Gimlet«: 1 Stück Was-
sermelone (ca. 40 g) mit 2 cl frischem
Limettensaft und 2 cl Läuterzucker
oder Zuckersirup in den Shaker geben
und mit einem Holzstößel (Mörser)
zerdrücken. 4 cl Liebl's Bavarian Dry
Gin und Eiswürfel dazugeben und
etwa 20 Sekunden gut schütteln.
Dann in einen mit einem Zuckerrand
versehenen Cocktailspitz abseihen.

»Himbeer Tonic«: 4 cl See Gin *mit 16 cl* Tonic Water, *wenigen Eiswürfeln und gefrorenen Himbeeren ins passende Trinkglas geben und mit einigen Blättern frischer Minze garnieren.*

*»Sky Garden«: 5 cl Bulldog Gin
mit 1,5 cl Holunderblütensirup,
3 Spritzern (dashes) Sellerie-Bitters
und 3 cl Zitronensaft shaken, ins
Trinkglas abseihen, mit Tonic Water
aufgießen und dekorieren.*

Gin braucht keinen anderen Alkohol, um Cocktail, Longdrink, Shortdrink oder Fancy Drink werden zu können. Er verträgt sich mit Fruchtsäften und Sirupen nahezu jeder Sorte, er wertet Limonaden auf und lässt sich mit frischen Eiern oder Sahne paaren, ohne Schaden zu nehmen. Auch da tut sich für die kreativen Profi- wie Hobbymixer schon eine gewaltige Fläche an Spielraum auf. Inspirationen liefern vielleicht bereits die hier als Beispiele aufgeführten und abgebildeten Kreationen.

Mit »leichterem« Alkohol verträgt sich der Gin schon, wie das klassische Beispiel »Martini Dry« überzeugend beweist. Über die Menge Gin, die in diesem Cocktail enthalten sein sollte, sind sich diverse Sachbuchautoren einig: 5 cl sollen es beispielsweise sowohl nach Charles Schumanns Buch als auch nach »Brandls Bar Buch« sein. Zum Vermouth macht Schumann keine Mengenangabe. Brandl gibt zwar einen Zentiliter (1 cl) vor, räumt aber im Rezept (3. Auflage, 2001) ein, dass es über das Verhältnis Gin zu Vermouth unter Experten oft Diskussionen gebe. Diese halten bis heute an und werden wohl nie enden. Letztlich liegt es am Gast, ob er es akzeptiert, dass der Barkeeper nur »die Flasche mit Vermouth am Gin vorbeigetragen hat«, wie Spötter die Tatsache umschreiben, dass für manchen »Dryest Martini in Town« lediglich das Glas mit

Rechte Seite:

*Oben links: »Ferdinand's
Grape Lavender«, ganz einfach im Glas auf Eiswürfeln
aufgebaut: 5 cl Ferdinand's
Saar Dry Gin, 7,5 cl frisch
gepresster Saft von Pink
Grapefruit, 7,5 cl Zitronen-
limonade und 2 Spritzer
(dashes) Ferdinand's
Winerose Lavender Bitters.
Als Dekoration getrocknete
Zitrusscheiben und Rosen-
blüten.*

*Oben rechts: Dass dieser
»Martini« trübe ist statt klar,
lässt darauf schließen, dass
er geschüttelt wurde und
nicht, wie eigentlich üblich,
gerührt. Anstelle der gefüll-
ten gehört eine Olive mit
Stein in den »Martini«.*

*Unten links: »Hendrick's
Japanese Basil Cup«:
4 cl Hendrick's Gin, 3 leicht
zerdrückte Basilikumblätter,
2 cl Holunderblütenlikör,
4 cl Sake, 1,5 cl Zuckersirup
und 1,5 cl frischen Zitronensaft im Shaker mixen, auf
zerstoßenes Eis (crushed
ice) in den Becher abseihen
und mit einem Schuss
Soda auffüllen.*

*Unten rechts: »Ginouver-
dure«, ein Cocktail aus der
Gin-Bar »Stollen 1930«:
2 cl G'Vine Gin, 2 cl Wein-
aperitif Lillet, 2 cl Liqueur
St-Germain, 1 cl Zitronensaft, etwas Grapefruit
Bitters, auffüllen mit Tonic.*

Links: »Jinzu Toyama«: 5 cl Jinzu Gin,
1 cl Vermouth Dry und 0,5 cl Umeshu-
Pflaumenwein im Mixglas mit Eis
gut verrühren, ins Cocktailglas auf
einen Würfel Eis abseihen, mit
Apfelstückchen garnieren.
Rechts: »Gin Diesel«: 4 cl See Gin
aus dem Grand-Marnier-Fass mit
2 cl Steinhauser Apfelbrand Bodensee
Diesel, 2 cl Faradaí Pará Spirit,
4 cl Apfelsaft, 2 cl Orangensaft und
2 Spritzern Angostura Bitter mit
Eiswürfeln im Shaker gut schütteln,
in ein gekühltes Glas abseihen
und mit Ginger Beer auffüllen.

etwas Vermouth ausgeschwenkt, dieser dann jedoch wieder ausgeschüttet und im so präparierten Glas schließlich quasi purer Gin serviert wird. Ähnlich kurz, wenngleich ganz anders aromatisiert, ist auch die »Medizin der Bar«, der Drink »Pink Gin«: Ein gekühltes Sherryglas wird mit einem Spritzer – in der Fachsprache *dash* genannt – Angostura Bitter ausgeschwenkt, dann kommen 5 cl Gin dazu ... Ob Derartiges noch guten Gewissens als »Cocktail« bezeichnet werden kann, sei einmal dahingestellt. Wird allein die Füllmenge des Drinks als Messlatte angelegt, ist auch dieser »parfümierte Gin« ein Cocktail. Das Reglement der International Bartenders Association, IBA, definiert Cocktails als Shortdrinks mit einer maximalen Füllhöhe von 7 cl.

Mag sein, dass sich die »klassischen« Gins nur mit wenigen oder eigentlich überhaupt keinen anderen Basis-

Links: »The Purple Lady«: 4 cl Broker's Gin *mit 2 cl frisch gepresstem Zitronensaft, 1,5 cl Lavendelsirup, 1,5 cl* Bols Parfait Amour *und 1 frischen Eiweiß mit Eis shaken und in ein vorgekühltes Martini-Glas bzw. eine Cocktailschale abseihen. Mit Lavendelzweig und Blaubeeren dekorieren.*

Mitte: »Singapore Sling«: Für diese Version des Klassikers 2–3 cl Zitronensaft mit 1 cl Grenadinesirup, 2 cl Cherry Brandy und 4 cl Beefeater Gin *im Shaker gut schütteln und auf frische Eiswürfel ins Trinkglas abseihen. Mit Sodawasser auffüllen und einige Tropfen Bénédictine auf den fertigen Drink geben.*

Rechts: »Tropical Collins«: 4 cl Bulldog Gin *mit 2 cl* Velvet Falernum *(gewürzter Rumlikör von Barbados), 3 cl Limettensaft und 3 Spritzern Sellerie Bitters mit Eiswürfeln shaken, ins Spezialglas abseihen und mit* Schlumberger Sparkling *aufgießen. Mit Passionsfrucht und frischer Minze garnieren.*

spirituosen vertragen, aber unter den »modernen« Sorten und Marken gibt es zweifellos einige, die den Spruch rechtfertigen, dass es keine Regel ohne Ausnahme gebe. Ein Rezept ist grundsätzlich nach der Basis ausgerichtet, der *Modifier* prägt zwar das Misch- oder Mixgetränk mit, darf jedoch die Richtung der Basisspirituose nicht verändern. Wenn also beispielsweise einem bestimmten Gin im Shaker noch – eine kleinere Menge – Obstbrand beigefügt wird oder welche andere Spirituose auch immer, ändert diese nichts daran, dass das Ergebnis des Mixens ein Gin-Drink bleibt. Wenn es auch bei den »harten« Spirituosen als ergänzende Zutat in Gin-Drinks Einschränkungen gibt, so hat sich die Gattung Likör auf diesem Feld doch nahezu unentbehrlich gemacht. Liköre verschiedener Sorten sind als *Modifiers* gefragt, weil sie »das gewisse Etwas« einbringen, aber den Gin nicht unterdrücken.

TIPPS FÜR DIE HAUSBAR

Sie wollen irgendwann mehr als nur Gin mit Tonic mischen? Sie wollen »richtig mixen«, selber Cocktails zubereiten, wie sie in Bars angeboten werden? Dazu brauchen Sie allerdings eine gewisse Grundausstattung für Ihre Hausbar.

Erst einmal die wichtigsten der sogenannten Bar-Utensilien:

Shaker

Für Anfänger empfiehlt sich der dreiteilige Shaker. Dieser besteht aus einem größeren Unterteil, einem Mittelteil mit eingebautem Sieb und einem Verschlussteil. Der Vorteil dieses Modells: Das eingebaute Sieb erspart die Anschaffung eines Barsiebs (Strainer, siehe unten), das nach dem Ausgießen die Eiswürfel im Metallteil des zweiteiligen Boston Shaker zurückhält. Der Nachteil des Dreiteilers: Das Abgießen dickflüssiger Mischungen durch das eingebaute Sieb verläuft relativ langsam. Profis bevorzugen deshalb den Boston Shaker, der aus einem Glas- und einem Edelstahlteil besteht. In das Glasteil werden (in der per Rezept vorgegebenen Reihenfolge) die Zutaten und das Eis gegeben, dann wird das größere Metall- über das Glasteil gestülpt, der Shaker in beide Hände genommen und in Brusthöhe geschüttelt – entweder horizontal (vom Körper weg, zum Körper hin) oder, für Laien vermutlich einfacher, von schräg oben nach schräg unten. Geschüttelt werden übrigens alle Drinks, deren Zutaten sich sonst nur schwer verbinden würden, also vor allem solche, die Sahne, Säfte oder Sirupe enthalten. Drinks oder Cocktails aus klaren Zutaten wie z. B. der Martini werden nur gerührt!

Mixing Glass – Rührglas

In diesem hohen, meist dickwandigen Glas, das zweckmäßigerweise auch einen Ausgießschnabel hat, werden hauptsächlich Shortdrinks gemischt, also bispielsweise Cocktails, die keine Säfte, Sirupe oder Sahne enthalten. Zum (auch abkühlenden) Verrühren der klaren Zutaten mit Eis brauchen Sie einen Barlöffel.

Barspoon – Barlöffel

Das ist quasi ein auf etwa 25 Zentimeter verlängerter Teelöffel, der am Stielende eine runde Scheibe haben sollte, mit der Kräuter, wie z. B. Minze, oder auch Fruchtstücke im Glas zerdrückt werden können. Ein Barlöffel, kurz als »1 BL« ausgewiesen, gilt in Rezepten als die Maßeinheit für 0,5 cl.

Strainer – Barsieb

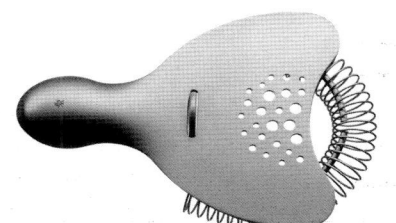

Das ist kein Sieb im klassischen Sinne, sondern eine gelochte Metallplatte mit Griff, an deren Rand sich eine (herausnehmbare) Spiralfeder befindet. Der Strainer wird nach dem Shaken oder Rühren auf den Shaker bzw. auf das Mixing Glass gesetzt und hält beim Ausgießen die Eiswürfel zurück. Denn: Eiswürfel, mit denen gemixt wurde, werden in der Regel »entsorgt«. Wenn das Rezept Eiswürfel im fertigen Drink vorsieht, dann wird dieser Drink auf frische Eiswürfel in das Trinkglas abgeseiht.

Was Sie an Utensilien eventuell sonst noch benötigen, ist üblicherweise in jedem Haushalt vorhanden: ein Sägemesser und ein Kunststoffbrett zum Schneiden von Früchten, eine Muskatreibe (falls das Rezept geriebene Muskatnuss auf einem Drink verlangt), Korkenzieher, Flaschenöffner ... Statt eines Messglases können Sie auch ein geeichtes Schnapsglas verwenden, und im nicht kommerziellen Bereich brauchen Sie auch keine Eiszange.

Selbst wenn Sie sich zunächst nur auf die Zubereitung von Gin-Drinks beschränken wollten, brauchen Sie für Ihre Hausbar dennoch weitere Getränke und Zutaten:

Alkoholische Getränke

Grundsätzlich sollten Sie es nicht bei einem Gin in Ihrer Bar belassen. Besorgen Sie sich mindestens drei, möglichst ganz unterschiedliche Marken (lassen Sie sich vom Fachhändler Ihres Vertrauens beraten), damit Sie ausprobieren können, welcher Drink Ihnen mit welchem Gin am besten schmeckt. In eine einigermaßen »betriebsbereite« Bar gehören auf jeden Fall

auch noch die Basisspirituosen Rum (weiß und braun), Cognac oder Weinbrand, Tequila, Whisky oder Whiskey und Wodka. Den Aperitif-Bitter Campari, der zur Kategorie Likör zählt, benötigen Sie auf jeden Fall, da er sich mit Gin besonders gut verträgt. Auch Cointreau harmoniert mit Gin und anderen »harten« Spirituosen, ebenso Curaçao-Liköre und Crème de Cacao. Unverzichtbar ist auch Vermouth, der einen Gin erst zum Martini machen kann. Legen Sie sich sowohl weißen (Dry) als auch roten (Rosso) Vermouth zu. Und für eine Flasche Sekt oder Champagner gibt es auch immer wieder eine Einsatzmöglichkeit.

Alkoholfreie Getränke

Grundsätzlich ist jede Limonade und jeder Fruchtsaft mit irgendeiner Sorte Alkohol »mixabel«. Orangensaft steht ohnehin in jedem Haushalt, und Zitronen zum Auspressen (frischer Zitronensaft ist immer die bessere Lösung) sind wahrscheinlich auch griffbereit. Was Sie zudem unbedingt im Vorrat haben sollten, sind zum einen Soda Water und zum anderen – des Gins wegen! – verschiedene Tonic Water. Mit je einer Flasche Grenadine- und Zuckersirup haben Sie dann das Nötigste beisammen.

Zum Schluss noch ein Tipp fürs Mischen und Mixen:

Die Rezepte, vor allem wenn sie von einem professionellen Mixer kreiert wurden, sind allemal eine gute Vorlage. Der eigentliche Reiz des Selbermixens liegt aber in den Variationen: Tauschen Sie also ruhig einmal eine der vorgegebenen Zutaten gegen eine andere der gleichen Kategorie aus: Zitronensaft gegen Blutorangensaft zum Beispiel oder Zuckersirup gegen Mandelsirup, trockenen gegen süßen Vermouth oder was auch immer. Ändern Sie ruhig auch einmal die vorgegebene Zutatenmenge, geben Sie beispielsweise sechs Zentiliter Gin ins Rührglas oder in den Shaker, auch wenn das Rezept nur vier Zentiliter vorsieht. Experimentieren Sie, denn dabei kommt oft Köstliches zustande! Das beste Beispiel dafür, was sich mit »Experimentieren«, mit dem Verändern von (durchaus bewährten) Rezepten erreichen lässt, ist die heutige Gin-Vielfalt.

Glossar

Abfindungsbrennerei: Destillerie, deren Brenngeräte während des Herstellungsprozesses nicht unter zollamtlichem Verschluss stehen. Im Gegensatz zur → Verschlussbrennerei wird die Steuer für eine Abfindungsbrennerei nicht nach der Menge des tatsächlich erzeugten Alkohols, sondern nach Art und Menge des angemeldeten (d. h. zu destillierenden) Materials berechnet.

Alambic: Vor allem in Frankreich gebräuchlicher Ausdruck für die traditionelle → Brennblase, in der eine → fraktionierte Destillation stattfindet, wie z. B. von Cognac im speziellen »Alambic charentais«.

Alkohol: Umgangssprachlich für Ethylalkohol (Ethanol = C_2H_5OH). Für Spirituosen muss der Alkohol aus landwirtschaftlichen Rohstoffen durch → Gärung hergestellt und durch → Destillation gewonnen sein.

Basisalkohol: Die Grundlage für einen Gin, in dem Wacholderbeeren und die weiteren → Botanicals entweder nur → mazeriert oder mazeriert und erneut → destilliert werden.

Blend: Englisch für »Mischung«.

Botanicals: Pflanzliche Zutaten (Wurzeln, Samen, Blüten, Blätter, Körner etc.), die den Gin würzen.

Brennblase: Ein alter deutscher Ausdruck für jenes Behältnis, in dem die → Destillation stattfindet; die Brennblase ist meist gänzlich aus Kupfer, zumindest aber innen mit Kupfer ausgekleidet. Es wird differenziert zwischen den traditionellen Formen → Alambic und → Pot Still für die → fraktionierte Destillation und → Patent-, → Column- oder → Coffey Still für die → kontinuierliche Destillation.

Brennhafen: In der Schweiz gebräuchlicher Ausdruck für → Brennblase.

Carter Head Still: Spezielle Variante einer Pot Still, die von den zwei Brüdern Carter erfunden wurde; in dieser Brennblase durchzieht der beim Destillieren des → Rohbrands aufsteigende Dampf einen kupfernen »Korb«, in den die → Botanicals »eingebettet« sind, und nimmt auf diese Weise deren Aromen mit in den → Feinbrand.

Coffey Still: Siehe → Column Still.

Column Still: Die nach ihrer Form (Säule, engl. column) meistens so bezeichnete → Brennblase, die auf den Erfindungen von Robert Stein (→ Patent Still) und Aeneas Coffey (→ Coffey Still) basiert und für die → kontinuierliche Destillation geschaffen wurde. In Stills dieser Art kann die Würze (d. h. die vergorene Maische) in einem einzigen Durchlauf zu Feinbrand destilliert und auch gleich von → Vor- und → Nachlauf abgetrennt werden.

Destillation: Umgangssprachlich auch als »Brennen« bezeichnetes Verfahren zur Gewinnung von (relativ) hochprozentigem → Alkohol. Verfahren: Flüssigkeit mit relativ niedrigem Alkoholgehalt wird erhitzt, der aufsteigende Dampf wird durch Abkühlen verflüs-

sigt und ist damit »konzentrierter Alkohol«.
Bei der Destillation von Alkohol (es werden
auch andere Stoffe destilliert, z. B. Erdöl) wird
grob unterschieden zwischen dem → kontinuierlichen und dem → fraktionierten (diskontinuierlichen) Verfahren.

Diskontinuierliche Destillation: Auch → fraktionierte Destillation genanntes zweistufiges
(gelegentlich auch dreistufiges) Brennen, das
beim ersten Durchlauf den sogenannten
→ Rohbrand ergibt; dieser enthält noch unerwünschte Bestandteile und in der Regel nur
20 bis 30 % Alkohol und wird daher in einem
weiteren, separaten Durchlauf zum → Feinbrand destilliert.

Ethanol: Siehe → Alkohol.

Ethylalkohol: Siehe → Alkohol.

Feinbrand: Erneut destillierter → Rohbrand;
→ Vorlauf und → Nachlauf werden beim Feinbrand abgetrennt, allein der »saubere« → Mittellauf (das »Herzstück«) wird zur Spirituose.

Fraktionierte Destillation: Siehe → diskontinuierliche Destillation.

Gärung, alkoholische: Ein Vorgang, bei dem –
üblicherweise zugesetzte (Kultur-) – Hefe den
in der → Maische vorhandenen Zucker (Glu-
kose, Maltose) in Alkohol und Kohlenstoffdi-
oxid sowie einige Nebenprodukte umwandelt,
die zusätzliche Aromen in das Destillat einbringen können.

Glockenboden: In Brenngeräten zur → kontinuierlichen Destillation mehrfach eingesetzter
Boden aus Metall mit Glockenhälsen
(»Kaminen«), die der von unten aufsteigende
Alkoholdampf durchzieht; der Alkohol wird
mit jedem höher gelegenen Glockenboden
reiner und stärker.

Grain Whisky: Ein Whisk(e)y, dessen → Maische
aus mehrheitlich nicht gemälztem Getreide
und einem kleineren Anteil Malz besteht; das
Malz muss sein, weil sich beim Mälzen jene
Enzyme bilden, die Stärke (aus dem Getreide)
in vergärbaren Zucker umwandeln können
(vergleiche → Moutwijn).

Kontinuierliches Verfahren: Vergorene → Maische wird in einem einzigen Durchlauf – statt
in zwei oder mehr separaten Phasen wie
beim fraktionierten Destillieren – in speziellen
→ Brennblasen direkt zum → Feinbrand
destilliert und dabei auch gleich von → Vorlauf
und → Nachlauf getrennt.

Lutter/Wacholderlutter: Siehe → Rohbrand.

Mälzen: Reifes Getreide, üblicherweise Gerste, von
Fall zu Fall aber auch andere Sorten (Weizen,
Roggen) wird durch Einweichen in Wasser zum
Keimen gebracht. Dabei bilden sich die drei
Enzyme, die Getreidestärke freisetzen und in
(vergärbaren) Zucker umwandeln können:
Zystase setzt die Stärke frei, Amylase spaltet
diese Stärke in ihre wasserlösliche Form Dextrin und Diastase wandelt das Dextrin in den
ebenfalls wasserlöslichen Malzzucker Maltose
um. Wenn die gesamte Stärke umgewandelt

ist, werden diese Enzyme durch die Trocknung (das sogenannte Darren) des nun als Grünmalz bezeichneten Malzes deaktiviert. Je nach Art und Dauer des Darrens sowie der dabei angewandten Temperatur lässt sich Malz unterschiedlicher Arten herstellen (hell, dunkel, stark oder weniger stark geröstet).

Maische: Zur → Gärung bereiter »Brei« aus zucker- oder stärkehaltigen Rohstoffen.

Mazerat: Ergebnis der → Mazeration, wird meistens destilliert, was aber nicht vorgeschrieben ist.

Mazeration: Einlegen der → Botanicals in → Alkohol oder in ein Alkohol-Wasser-Gemisch; bei diesem »Bad« (Auslaugen) gehen die Aromen der Zutaten in den Alkohol über.

Mittellauf: Der auch als »Herzstück« bezeichnete, von → Vorlauf und → Nachlauf befreite Teil des → Feinbrandes, der als einziger Teil des Destillats zur Spirituose (ausgebaut) wird.

Moutwijn: Niederländisch für »Malzwein«; es ist die aus einer → Maische von gemälztem und ungemälztem Getreide destillierte, traditionelle Basis für Genever und manchen Gin (vergleiche → Grain Whisky).

Nachlauf: Der Teil eines Destillats, der nach dem → Mittellauf entsteht und schon einen großen Anteil an höheren Alkoholen (Fuselöle) enthält; der Nachlauf wird im Gegensatz zum → Vorlauf oft nicht entsorgt, sondern beim

Destillieren des nächsten → Rohbrands zugegeben und mitgebrannt.

Patent Still: Siehe → Column Still.

Pot Still: Heute fast weltweit gebräuchlicher englischer Ausdruck für die klassische → Brennblase, in der traditionell Whisky, aber auch zahlreiche andere Spirituosen einmal destilliert werden; für eine zweite oder jede weitere Destillation müsste die Pot Still gereinigt und danach neu befüllt werden; üblich ist es daher, → Rohbrand in einer weiteren Brennblase gleichen Typs zu → Feinbrand zu destillieren.

Rohbrand: Ergebnis des ersten Destillierens mit einem Alkoholgehalt von 20–30 % vol; der Rohbrand enthält noch unerwünschte Stoffe (siehe → Vorlauf und → Nachlauf) und wird folglich beim → fraktionierten Verfahren in einem gesonderten Durchlauf erneut zum → Feinbrand destilliert; ein auf Wacholder basierender Rohbrand wird auch als → Lutter bezeichnet.

Vakuumdestillation: Eine → Destillation bei erniedrigtem Druck, wobei die Siedetemperatur der zu trennenden Flüssigkeiten verringert wird.

Vergärung: Siehe → Gärung, alkoholische

Verschlussbrennerei: Destillerie, deren Brenngeräte während des Herstellungsprozesses vollständig unter zollamtlichem Verschluss stehen. Auch alle Räumlichkeiten für die Lage-

rung und die Zugänge dazu sind vom Zoll ver-
plombt. Das heißt, kein Alkohol kann während
des Herstellungsprozesses und danach in den
Lagerräumen entnommen werden, ohne dass
der Zoll die entnommene Menge registriert.
Die produzierte Alkoholmenge wird entweder
durch ein geeichtes Zählwerk oder ein ver-
schlossenes Sammelgefäß nachgewiesen. Die
für den von einer Verschlussbrennerei produ-
zierten Alkohol zu entrichtende Steuer wird
erst fällig, wenn der Alkohol aus dem Lager
entfernt wird.

Vorlauf: Das zu Beginn der → Destillation ent-
stehende Destillat, das außer dem Alkohol
auch diverse leichtflüssige Substanzen wie
z. B. Methanol, Acetaldehyd und Ethylacetat
enthält und folglich für den menschlichen
Genuss nicht geeignet ist; der Vorlauf wird
daher bei der letzten Destillation ebenso vom
→ Mittellauf abgetrennt wie der → Nachlauf,
im Gegensatz zu jenem aber nicht weiter-
verwendet.

Markenverzeichnis

Unter »Herkunftsland« ist das Land genannt, in dem der betreffende Gin hergestellt, das heißt, destilliert wird.

DER AUTOR
KARL RUDOLF

gelernter Koch und Küchenmeister. Seit Ende der 1970er-Jahre als Redakteur für verschiedene Gastronomie-, Hotel- und Gourmetmagazine tätig, ab Anfang der 80er-Jahre zunehmend spezialisiert auf alkoholische Getränke, insbesondere auf Spirituosen. In der Folgezeit war er als freier Autor unter anderem für »Die Bar«, »VIF Das Gourmet-Journal« und »TopHotel« tätig sowie seit 1985 für das neu gegründete Magazin »DRINKS«, Fachzeitschrift für Barkeeper, ab dem Jahr 2000 als dessen Chefredakteur bzw. stellvertretender Chefredakteur. Für das Magazin »Der Whisky-Botschafter« war er seit der ersten Ausgabe im Jahr 1997 tätig und wurde 1999 dessen Chefredakteur. Seit 2008 widmet er sich ganz der freien Tätigkeit des Recherchierens und Schreibens.

In mehr als dreißig Jahren als Fachjournalist hat Karl Rudolf zahllose Brennereien in vielen Ländern besucht und unzählige Tastings absolviert. Er gilt als vielseitig interessierter Spirituosenspezialist, hat sich aber auch mit anderen Themen auf dem Gebiet der alkoholischen Getränke befasst. Für sein Wirken erhielt er 1992 den »Ehrenpreis der Champagne-Winzer«, 1993 den »World Press Award« der International Bartenders Association, IBA (Weltverband der Barkeeper), und 2002 wurde er für seine Verdienste um den Scotch Whisky als Life Member in den exklusiven Zirkel der »Keepers of the Quaich« aufgenommen.